MONUMENTS OF MUSIC AND MUSIC LITERATURE
IN
FACSIMILE

Second Series—Music Literature

XXXIX

RERUM
MUSICARUM

JOHANN FROSCH

RERUM MUSICARUM

A Facsimile of the 1535 Argentorati Edition

BROUDE BROTHERS · NEW YORK

Printed in U.S.A., 1967

IN MVSICALES MINVTIAS
Ioannis Froschii
MELCHIOR CVMANVS.

Si tibi funt Musæ meliores optime cordi,
  Heus puer aeccde,hunc uolue,reuolue librum,
Non hic illecebris locus est,sed seria aguntur,
  Que non liuor edax rodere dente queat.
Namque uiam munit,reliquos quo possis adire.
  Et resonare lyram,nablia,plectra,chelyn.
Autori grates igitur persoluere debes,
  Commoda qui spectas hinc fore magna tibi.

EIVSDEM DISTICHON.

Huc propera studiose puer,cui discere curæ est
  Odas quas breuis hæc en tibi charta refert
    Amor docet Muficam.

AVTOR AD SVVMIPSIVS LIBRVM.

Vade age parue liber,facilemq; parato iuuentæ.
  Ad reliquos aditum,qui grauiora docent.
Premonstresq; uiam,numeris discrimina uocum
  Singula qua constent,commata,semitonos.
Et genus id certa ratione minuta secare
  Instrue,namque opus est artis & ingenii.

ILLVSTRI DOMINO DOMINO GEORGIO
Comiti in VVirttenberga & in Montebeligardo &c. Domino suo cle-
métissimo, & in primis obseruandissimo IOANNES FRO-
SCHIVS, sese commendat.

Miraberis forsan illustris pariter atq; Clarissime Comes, quid ego hac ætate mea, nempè in limine senectæ, nenias illas Musicas offuderim Claritudini tuæ: at mirari desines, ubi re ultro citroq; cognita, tute de me pronuncies. Siquidé hoc efficere mens erat, ut iuuentutem rerum notitia instituendam, hac etiam, qua possem, parte iuuarem. Nam nulla disciplina est, quæ non olim usui futura sit adolescentibus, uel poëticen uel oratoriá professuris, tantum abest ut Musicam, omnium disciplinarum imitatricem, ignorent. Præterea non sum ueritus, Musicales hasce minutias, amicis quibusdam hortantibus, p modo ac ratione huius disciplinæ tyrunculos docendæ descriptas, Claritudini tuæ dedicare. Qua quidem in re non opus erat eloquentia magnifica & picturata, sed potius Laconica breuitate, eaq; efficaci, quam nec tua Claritudo respuit. Nam nisi hac utamur, & Epitomes ratio, & puerorum profectus non stabunt: quandoquidem illa cupienti negotium dignè explicatum, crescet in immensum, nempè tot aut pluriú librorum opus, q d' intus capita continentur. Proinde labor ille meus non sine sollicitudine adsumpt⁹ utcumq; profuerit, hoc lubentius id negotii, neq; præter ætatis meæ decorú, suscæpi. Spero enim fore, ut inter legendú, amor Musicam (quemadmodú est inueteri prouerbio) sit docturus: tuq; minutias eiusmodi non modo clementer accepturus, uerum etiam calculum iisdem sis additur⁹, quando ipse pro tua Magnanimitate neminem bonarum literarú & artium studiosum nó complectaris, ac fauore peculiari foueas. Quamquam nequicquam uel eruditionis uel literarú mihiipsi uendicem, sed uelut anser inter olores, stridulum quid obstrepere non cesso. Scopus autem, quem hoc loci præfixum uelim, eo tendit maxime, quo pueri, degustatis huiusmodi minutiis, ad aliquantam numerorú & proportionum peritiam prouecti, tum si uidebitur, ad reliquos autores maiores & grauiores, celerius, & ceu compendio deducantur. Nam nihil hic proponit, & eis, quamuis tenuiter, ostenditur, qd' non apud Aristoxenum, Plutarchum, Boætium & cæteros eleganter & ad perte sit scriptum. Nihil, inquam, scitu indignum, quantum ad Musicam adtinet Instrumé talem, in genere diatonico, hic precipitur, quod in numeris & quátitate linearum ipsius monochordi, pro puerorum captu, non sit satis demonstratum: id quod uerum esse probant, uel apotomæ, uel semitonia, uel commata, & id genus alia minutula ex ordine diuisa. Sed ne cuiquam meipsius tibiciné agere uidear, manum de tabula tollo, qualecumq; enim id uniuersum fuerit (quáquam sane perexiguum est) Claritudini tuæ potissimum nuncupare debui, quandoquidem & mihi olim ab Illustrissimo

3

lustrissimo principe, fratre tuo, Domino VLRIGHO Duce VVirtenbergeñ.
&c. clementissime foueri contigit, & alii Clarissimæ familiæ tuæ Incliti heroes, in
me puerum adhuc maioresq́ meos benefici,&quamoptime de nobis meriti fuerũt
quamobrem non dubitarim,quin hoc ipsum laboris mei pro tua
Maguanimitate boni consulas,meq́ ames.Bene uale
Comes Clarissime.Argentorati,IdibusSeptem-
bris,Anno Domini.
M. D. XXXII.

                       INDEX

INDEX EORVM, QVAE QVOT to quoq; capite continentur.

CAP. I. de Musicæ partitiõe

Musica animi adfectus moueri, & corpora morbis eripi, creditum.
Musica à musis dicta.
Musica mundana.
Musica humana.
Musica Christiana.
Musica instrumentalis.

CAP. II. de numero & eius speciebus.

Harmonia proportione constat.
Proportio in numerositate consistit.
Prima perfectio incorporalitatis in numeris.
Numeri plæni dicti.
Corpus non item plænum dicitur.
Numerorum origo monas.
Monadis merita.
Numeri diffinitio & diuisio.
Numerus par fœmina.
Numerus impar mas.
Numerus par duplex.
Numerus par à suis partibus denominatus, triplex.
Numerus par pariter par.
Numerus par pariter impar.
Numerus par impariter par.
Numerus par à partium suarum suma denominatus, triplex.
Numerus par superfluus.
Numerus par diminutus.
Numerus par perfectus.
Numerus impar triplex.
Numerus impar simplex.
Numetus impar secundus & cõpositus.
Numerus impar mediocris.
Numeri contra se primi & incõpositi.
Numeri communicantes.

CAP. III de numero, ut refertur ad alium.

Numerus ad alium relatus duplex.
Numerus æqualis non diuiditur.
Numerus inæqualis duplex.
Numer⁹ maioris inæqualitatis duplex.
Numerus maioris inæqualitatis simplex, triplex est.
Numer⁹ maioris inæq̃litatis multiplex
Numerus superparticularis.
Numerus superpartiens.
Numerus maioris inæqualitatis compositus, duplex.
Numerus multiplex superparticularis.
Numerus multiplex superpartiens.
Numerus minoris inæqualitatis in eas species, in quas & ille maioris inæqualitatis diuiditur.

CAP. IIII de ratione perfectionis numerorum.

Numerorum natura extrà corpus est sed nec nisi circà corpus adparet.
Numeri propriè pleni.
Numeri quomodo corpus efficiunt.
Numerus octonarius solidus.
Monas & paris & iparis numeri origo.
Numeri à pari, & ab impari, corpus efficiunt.
Numeri à pari & ab impari solidi.
Dyas & eius merita.
Ternarius & eius merita.
Quaternarius & eius merita.
Quinarius & eius merita.
Senarius & eius merita.
Septenarius & eius merita.
Octonarius & eius merita.
Nouenarius & eius merita.
Denarius & eius merita.

INDEX.

Vigintiseptem numerus solidus est.

CAP. V de propoctione & proportionalitate.

Proportionis diffinitio.
Proportionalita quid.
Proportionalitas triplex.
Propottionalitas arithmetica.
Proportionalitas Ceometrica.
Proporttonalitas harmonica.
Proportiones quo pacto maiores & minores dicantur.

CAP. VI de numeris & proportionibus harmonicis.

Proportiones Musicæ duplices.
Proportiones Musicæ harmonicæ.
Proportiões musicæ geometricæ sunt.
Harmoniæ diffinitio.
Sonus quomodo fit.
Sonus acutus qui fit.
Sonus grauis qui fit.
Harmonia non uno,& æquali sono,sed duorum,uel plurium fit permixtu.
Sex tantum sunt numeri,harmoniam conficientes.
Numeris harmoniam conficientibus, septimus ille sextuplus merito adnumeratur.
Epitritus numerus.
Hemiolius numerus.
Duplaris numerus.
Triplaris numerus.
Quadruplus numerus.
Sextuplus numerus.
Epogdous numerus.

CAP. VII de ratione harmoniarum.

Numeri illi sex harmoniam quare soli conficiant?
De animæ múdanæ fabricatiõe ex Macrobio.
Tonus quomodo fit.

Semitonium qui fit.
Semitonium pithagoricis diesis,Platonicis limma dicitur.
Tonus & semitonium symphoniarum interualla metiuntur.
Tonus & semitonium tropis uires mouendi animi tribuunt.
Interualla syderum errantium proportionibus harmonicis distant.
Syderum siue planetarum adspectus,pportiõib9 hármonicis perficiuntur.

CAP. VIII de fidium numero & ordine.

Monochordũ diuisum rudius & apertius harmonias docet.
Musica instrumentalis est generis diatonici.
Musica mundana generi diatonico adscribitur.
Fides Musicæ & earum ordo.
Fides primum tantum quatuor.
Fides secundò, septem numero factæ,& factum est heptachordum.
A diecto alio heptachordo facta est cithara chordarum quatuordecim.
A diecta pròslambanómenos , facta est quintadecima chorda.
Synemenos tetrachorda priora coniugens sextam decimam dedit.
Chordarum nomina.

CAP. VIIII. de diuisiõe monochordi.

Monochordi diuisio artificibus instrumentorum utilis .
Linea diuisa chordam repræsentat.
Inter diuidendum,primum limites qua tuor tetrachordorum designantur.
Deinde implentur tetrachordorum huiusmodi limites.
Tetrachordoȝ huiusmodi q̃tuor cõiũ-ctio,& quinti tetrachordi cõstitutio.
Fides sept́e ultra quindecim antiquas adiectæ. Penta-

INDEX.

Pentachorda sunt necessaria,
Ratio numerositatis multiplicatioem non respuit.
Vox hominis uix unquã ad dis diapason intenditur.
Ad tris dia pason usque progredi licet in choro recentiorum,

CAP, X, de symphoniarum numero, & speciebus,

Antiquitas symphonias tantum quinque tradidit,
Recentiores Musici, plures antiquitatis symphoniis, adsignant.
Symphonie, preter greca nomia, habét latinæ nouata uocabula,
Consonãtiæ, siue symphoniæ duplices,
Consonantiæ perfecte que?
Causa, quare antiqnitas quincq̃ tantum symphonias agnouerit?
Consonantiæ perfecte numero sex,
Consonantiæ imperfecte que?
Consonantiæ imperfecte, aut maiores, aut minores sunt,
Consonantiæ enumerantur.

CA. XI, de monochordi, & fiidium descriptiõe, cũ numerorũ adplicatiõe,

Chordæ diuise adiiciuntur litere in pũctis sectionis
Literis adiiciuntur numeri.
Numeri q̃re in hmõi quantitate adiecti.
Consonantiæ chordæ inscripre.
Duplex numerus neruis fidium nscriptus.
Tetrachordum Mercurii.
Superior nũerus indicat, quoto quecq̃ ordine adiecta sit chorda.
Inferior numerus, ordinem chordarum modernũ, utcũque adiectarũ demõ-
Chordæ recentiorũ nõ habent (strat. numeros inscriptos.
Quinque tetrachorda inscripta,

Tetrachorda omnia decem & septẽ alio quin sunt.

CA. XII. de tribus melodiæ generib9.

Melodiæ genera tria, quorũ duo: tertiũ scilicet & medium, ab usu canendi recesserunt,
Monochordi portio per tria genera canendi diuiditur.
Diuisio monochordi in tetrachordo hiperbolæon,
Diuisio in tetrachordo diezeugmenon
Diuisio in tetrachordo synémenon,
Numerorum adplicatio diuisioni in tetrachordo hyperbolæon,
Numerorũ adplicatio in tetrachordo diezeugmenon.
Numerorũ adplicatio in tetrachordo synémenon.
Diuisurus totum monochordũ, habet hoc loci exemplar.
Causa, quare melodiæ genera duo sunt reiecta.

CAP. XIII. quedam theoremata proponuntur.

Diatessaron & diapente couinncte, diapason constituũt, id quod alias sic effertur, primi superparticulares duo cõiuncti, primũ multiplicem efficiũt
Primus multiplex, primo superparticulari coniũctus, diapason cum diapente efficit,
Triplo, si secundum superparticularem adieceris, dis dia pason procedet.
Diapason consonantia optima.
Ratio conlocandi consonantias.
Omne tetrachordum in sesquitertia, & omne pétachordum in sesquialtera proportione habet.
Tonus in duo equalia diuidi nõ potest.
Semitonii minoris demonstratio.

Dià tessaron

INDEX

Dià tessaron duob9 tonis,& semitonio, dià pente trib9 tonis,& semitio cõstat,
Semitonium maius apotome dicitur.
Causa, qua re apotome inter canendi modos non recipitur.
Dià pason tonis sex minor,& quinque maior est.
Dià pason quinq3 tonis,& duobus semi toniis constat.
Prædictorum demonstratio per portio nis monochordi sectionem,& nume rorum adplicationem.
Diuisurus monochordum totum, reli quam portionem instar præcedetis diuidat.
Sex toni dià pason commate superant.
Comma in numeris quid sit.
Dià pason interualla septem habet.
Dià pente iam tonis tribus,& semitoni o, diàtessarõ tonis duobus,& semitonio minori constant.
Semitonium minus,& apotome tonũ constituunt.
Semitonium commatibus tribus maius est, minus uero quatuor.
Apotome commatibus quatuor maior est minor quinque.
Tonus commatibus octo maior est, mi nor uero nouem.
Cõmate sublato de apotome,semitoni um minus relinquitur
Dieses quomodo constent?

Ca. XIIII. de connectende cantiõis modis & tropis.

Consonátiæ in utroq3 termino existunt
Modi cõnectendæ cantiõis describunt
Non statim modus est,ubi cõsonantia. neq3 consonantia ubi modus est,
Dia pason modis in uno termino3 du in altero simpli ratione habet (pli. neq3 in utroq3 termiuo3 consistit.
Modi connectendi nouem sunt.

Tropi siue toni octo sunt.
Tonis a gentibus indita sunt nomina,
Argumétum, tonorum designationes, mutatas esse.
Singuli toni singulos modos peculiares habent,
Tonorum nomina hodie numero & or dine priscis aptantur nominibus:
Toni sunt duplices,uel autenti,uel pla gales.
Tonorum metæ ac pomeria,
Tonorum Autentorũ modi peculiares, sunt maiores, plagaliũ uero miores.
Finales fides tonorum quatuor sunt.
Adfinales tonorum fides tres sunt.
Initiariæ fides tonorum enumerantur.
Tenores tonorum peculiares non igno randi.
Adfectus quibus toni plerumque mo. uere solent.

Ca. XV. de notulis Musicis, lineis & spatiis.

Recétiores Musici lineas & spacia, mu tuati uidentur a ueteribus.
In lineis quinq3 iacentibus , & eorũ spa ciis,omnis cantus describitur.
Fides signate enumerantur,
Nisi,b,trites synémenon non signetur, semper,♮,parameses canitur,
Notule Musicæ Geometriæ pares sunt, nempe Canonices.
Canonices species tres sunt.
Metrice, prima canonices pars.
Rithmos secunda.
Melos tertia.
De notulis conligatis.

CAP. XVI, de signis & mensuris Musicis.

Notularum mensura duplex.
Notularum mensura perfecta.
Notularum mensura imperfecta,

Mensura

INDEX

Mésura aut æqualitatis est, aut inæqualitatis.
Mensura æqualitatis triplex est.
Modus nempe, Tempus, & prolatio.
Modus duplex est, maior & minor,
Modus maior duplex.
Modus maior perfectus.
Modus maior imperfectus.
Modus minor duplex.
Modus minor perfectus.
Modus minor imperfectus.
Tempus duplex est.
Tempus perfectum,
Tempus imperfectum.
Queuis cantio suos quoq habet modū, tempus, & prolationem,
Prolatio duplex est.
Prolatio perfecta quæ?
Prolatio perfecta nō recipit diminutionem.
Prolatio imperfecta quæ?
Prolatio imperfecta maior.
Prolatio imperfecta minor.

CA. XVII. de signis inæqualitatis.

Sex tantū numeri Musicam cōficientes repetuntur,
Sesquioctauus nullā mensurā præbet.
Mensura non qualibet proportiōe, qua consonantia constat.
Proportiones inæqualitatis in mēsura tantum quinque,
De proportione dupla & quadrupla.
Proportiōes, dupla, & quadrupla, imaginariæ, uerius quā geometricæ sunt.
De reliquis tribus mensure Proportionibus
Proportio tripla.
Proportio sesquialtera.
Proportio sesquitērtia,

CAP. XVIII. de punctis, pausis, ac perfectione, & imperfectione.

Punctum trifariam diuiditur.
Punctum diuisionis.
Punctum alterationis.
Punctum perfectionis siue additionis.
Pausa quid?
Pausa silentii modus.
De imperfectione notarum.
De perfectione siue additione notarū.

CAP. XIX. de ratione componendi.

Omnis cantus in consonantiis perfectis & inchoetur, & finiatur.
Due perfecte consonantie, in cantione, mutuo sese non succedant.
Causa, quare duæ perfectæ se mutuo succedere non possint.
De uocū cōmissuris in medio cantiōis,
De cōmissura syncopata.
Tritonos & auris, & ratio Musica abhorret.
De commissura simplici,
Cantus pausis rite distinguatur.
De imitatione Authorum,
De mimesi, & ceu fuga, imitanda,

EX AVTORIBVS:

Aristoxéno, Aristotele, Plinio, Plutarcho, Ptolomeo, Aulo gellio, Macrobio, Boætio.

IOANNIS FROSCHII AVTORIS
Præfatio ad Lectorem

ETSI cuiquam(Lector amice)ad hoc, quod ex me audire desyderat, minus fortè pro uoto respondeam, non est idcirco, quod is cogitet, me nihil muneris, rei literariæ, siue publici cōmodi causa subiturum, sed quia mihi ipsi conscius, nō ignorem, quam longe officio: quo ille fungi me putarit, mea tenuitas, meæ deniq; uires: quante sunt, non sufficiant, illius præterea eum admonitum esse præstabat, exspectantē aliud præter id, quod excepturus est a me. Verum ne cuipiam prorsus uidear ἀ μόυσος, atq; nec mihi nec aliis utilis natus, quáuis prouinciæ hoc loco susceptæ iamdudum Colophonem addiderim, tamē & hanc farraginem angustia libellari minutatim complexam, in utilitatē iuuentutis, & Musicæ studiosorum, dare uolui, qua illos redderem certiores, uel de hoc è multis uno, quod de proportionibus harmonicis, & signis Musicis per me, qui iisdem sum non nunquam usus, cupiunt edoceri. Quod sane eo libentius effæci, quo magis hoc ipsū non ad fluxas mundi delicias abusuros, sed potius ad aliorum ædificationem eos collaturos sperabam, nempè ad psalmos & hymnos spiritales corde ac ore Domino canendos, & gratias agendas. quibus monitoriis, sicut & aliis, pro portione donorum nobis collata, quàdiu exules in hac uita agimus, inuicem opus habemus.

Sed neq; mea est sentētia, ut neglectis aliis disciplinis, hic mihi puer uelut ad scopulos Syreneos per ætatem consenescat. neq; præterea mihi unquam fuit, nedum nunc est, ingenium aut cupido, cuiusmodi plerisq; solet esse, qui (ut ait ille) iniussi non desistunt, quin ad rauim usq; canentes, auditorum aures occallescere faciant sed ut illis ad sobrietatem degustatis, modum faciant, & cetera, quæ honesta sunt & utilia studia sectenť, Nam & Musica, si uel Boætio uel Augustino credimus (quáuis hic magis pedum rithmos, ille uero harmoniam uerius est prosequutus) nō modo, sicut cætere Matheseos disciplinæ, speculationi, sed & moralitati coniū-
cta, bene modulandi scientia existit, ut que pudica, modesta, & simplex sit, mascula, nec effœminata, nec færa, nec uaria inter canendum igitur tum artis, tum honestatis ratio est habenda, alioqui haud bene modulaberis. Bene uale.

CAPVT PRIMVM
MVSICAE PARTITIONEM
paucis absoluit.

IAM VERO TELAM NOBIS (ut aiunt) exordientibus, non suppetet facultas, multa de Musices nomine, aut ipsius apud gentes usu & efficatia, imò ne de eius inuentoribus disseruisse, quádoquidem id huius instituti breuitas ægrè accipit, & illius apud autores passim legenti sit copia, ut iucunditatis, ita & prolixitatis nõ nihil adferens. Literis enim proditum est, tantum ueteres tribuisse Musicæ, ut non solum animi adfectus ea moueri arbitrarentur, sed & corpora morbis eripi crederent. Boæt.1.ca.1. Plutarch.de Mu.

His autem, qui se Musarum sacris initiari gaudent, quis uetet Musicam à Musis denominari, quod huic, sui studiosum pro intellectus & memoriæ uiribus oporteat incumbere. Identidem licebit & aliis pro suis ingenii cuiusq̃ ac studii modo ac ratione adfectis, periclitando uel ostendendo gestientibus. Musica a musis dicta.

Neque operæprecium erit Musicen in species complureis distrahere: quamuis cuilibet liberum nõ solum, sed & per me haud quaquam reiectum fuerit pœnitius cum ueteribus philosophari.

Vt mundana Musica, totius & partium mundi, cœlestis scilicet ac elementaris harmoniam contempletur. Mundana Musica Plin.2.ca.22. Boæt.1.2.

Vt humana Musica, corporis & animæ, ac huiuscemodi partium inter se proportiones consyderet. Dum interea minime neglectui habeatur cœlestis illa Musica, quæ legis Diuinæ & eius finis Christi harmoniam cordètenus conferens, in ipso Christo pro peccatis mundi mortuo, ac tum resurgente, omnia omnino perfici ac reparari demonstrat. Quam uelit Deus benedictus in sæcula, ut per Christi unigeniti filii sui domini nostri spiritum animo uerè cõcipiamus in salutẽ æternam. Humana Musica Boæt.1.C.2. Musica Christiana.

Tandem hoc loci Musicam tractabimus instrumẽtalem, quæ uel naturalibus, uel artificialibus instrumentis exercetur, eamq̃ nimirum, quæ sonorum differentias harmonica ratione (ut dictum est) obseruat ac perpendit. Musica instrumentalis. Boæt.1.C.2.

Quo uero breuitate tyroni placeamus, & perpaucis uerbis quàm
plurimum sententiæ adferamus, & hunc sequen-
tem typum de Musicæ partitio
ne subiecimus.

A

Musica, quatenus á Musis, omnem eruditionem inquirentibus & inter sese mutuo comunicantibus dicta, est uel,
- Naturalis, quæ harmoniam & maioris & minoris mundi, nėpe hominis, numero sese mouetis depræhédit. Ea est, aut.
  - Mundana, quæ motibus cœlestibus inesse deprehenditur ambitus nempè referens harmonicos, & reintegrationes, tum syderum adspectus, trigono, tetragono, & hexagono constantes, qui numeris duplaribus, triplaribus, quadruplis, sesquialteris, & sesquitertiis fiunt.
  - Humana, quæ tribus animi partibus tres numeros, duplum, sesquialterū, & sesquitertium edentibus constat, scilicet
    - Intellectu, sex hasce partes, imaginationem, scilicet memoriam, cogitationem, opinionem, rationé, & scientiam continente. Quæ omnes & mentis nomine ueniunt.
    - Sensu, quatuor hos edente, uisum, auditum, olfactum, & tactum: cui & gustus inest,
    - Adpetitu, qui tria hæc habet, auctum, fastigium & decrementum. Quæ oia sunt physicis obseruāda.
- Artificialis, siue instrumentalis, quæ sonorum aut uocū differétias sensu, ratione certa perpendit. Id quod bifariam contingit, nempé aut.
  - Geometrica ratione, ubi Musica sonorum & uocū differentias, ad Geometriæ principia, iuxta leuatione & depressionem, aurium mensura examinat. Eiusmodi est Canonice cuius partes sunt,
    - Metrice quæ syllabarū quantitates, iūcturas, & modos ad Geometriæ principia certo pedum numero ac lege, certóq fine claudit, exigitq. Eius partes sunt,
      - Pedes sunt aut,
        - Dissyllabi quatuor.
        - Trisyllabi octo.
        - Quadrisyllabi sedecim
      - Genera carminū centenario numero fermè compræhensa.
    - Rythmus, qui uc cum longitudines & quantitates, ad arsim & thesim, certis quidem pedibus dinumerat, sed eius cōnexio libera ppetuitate protenditur.
    - Melos, quod est modulatio cātionis, arsim & thesim certo tropo, modisq peculiaribus disponens.
  - Harmonica ratione, ut quum illa sonorū differentias & consonantias sensu ac ratione harmoniaca expendit. de qua in præsentiarun agimus. Ea auté constat.
    - Sono.
    - Modo.
    - Modulatione.
    - Consonantia.

IO. FROSCHII.
CAPVT. II. De numero, eius origine,
& speciebus à suis ipsarum partibus
denominatis.

QVVM Vero sonorum harmonia, id est concinentia, quadam proportione, proportio autem in pluralitate & ceu numerositate consistat, ut quæ sit aliquotarum habitudo qantitatum, necesse est & harmoniam in numerositate persistere. Nam ut habet liber ille Sapientiæ: Deus omnia in mensura, numero & pondere creauit. *Sapientiæ.11.*

Præterea, sicut Macrobio placet, cogitationi ad superos meanti, prima perfectio incorporalitatis occurrit in numeris. Etsi quidam numeri secundum aliquos modos infra subnotatos pprie perfecti siue pleni uocentur, communiter tamen omnes numeri pleni sunt, maxime ut incorporei. Haud itidem corpus plenum dixeris, quod quū sui sit impatiens effluendo, alieni est adpetens hauriédo. *Macrob. in som. lib. 1.*

Iam numerorū origo monas est, quæ unitas dicitur, & mas idem & foemina est, par idem atqȝ impar, ipse non numerus, sed fons & origo numerorū. Hæc monas initium, finisqȝ omniū, ipsa principii ac finis nesciens, ad summū Deum refertur. Hæc ferè Macrobius. *Monas numerorum origo.* *Monadis merita*

Numerus ergo unitatum collectio est. Hic in seipso & suis partibus consyderatus, in duo genera diuiditur, quorum utrumqȝ in species complureis distrahitur. *Numeri prima diuisio.*

Primum itaqȝ est par numerus, qui in duas partes æquales diuisibilis est, nulla unitate media, ut quatuor, diuiditur in duo & duo, unitate nulla mediante. Is numerus ab Arithmeticis foeminæ, & matris adpellatione uocatur. *Numerus par foemina dictus.*

Alterum genus est impar numerus, qui in duo æqualia diuidi non potest, quin unitas interueniat, ut quinqȝ in duo & duo diuiso, unitas intercedit. Hic mas uocat & patris adpellatione ueneratur. Vterqȝ subdiuiditur. *Numerus impar mas.*

Primo em̄ numer⁹ par à suis partib⁹ denominat̄, & hoc modo trifariā diuidit̄.
Numeri paris species duæ sunt. *Numeri paris species*

In primis est numer⁹ par pariter par, cui⁹ singulæ partes in singula duo paria diuidi possunt, quousqȝ ad indiuisibilé unitaté redigant̄. ut sexdecim in octo & octo, octo in quatuor & quatuor. Quatuor in duo & duo, duo in monadé & monadé.

Deindè est numerus par pariter impar, qui in duas partes, æquales quidem, sed ipsas impares diuisibilis est, ut decem in quinque & quinque.

Tandem est numerus par impariter par, cuius partes pares & aliquoties in binas æquales distrahuntur, sed huiusmodi subdiuisio ad unitatem usqȝ non pertingit. ut uiginti quatuor in duodecim & duodecim. Duodecim in sex & sex. Sex in tria & tria, qui ambo numeri sunt impares.

Secundo Numerus par subinde iuxta partiū suarum summam consyderatus, in tres quoqȝ formas deducitur.

Est enim numerus par superfluus, cuius partes aliquotæ simul sumptæ summā sui totius excedunt, ut duodecim, cuius aliquotæ sunt, sex, quatuor, tria, duo, & monas, quæ faciunt sexdecim.

A 2

MVSICA

Ab hoc eſt numerus par diminutus, cuius partes aliquotæ una cõſtitutæ ſummam ſui totius non perficiunt:ut octo, cuius aliquotæ ſunt, quatuor, duo & monas, quæ ſeptem dumtaxat faciunt.

Demum eſt numerus par perfectus, cuius partes ſimul ſumptæ ſummam ſuiipſius ex æquo perficiunt, ut ſex, cuius aliquotæ tria, duo & monas ipſum plene perficiunt. Huiuſmodi ſunt & uigintiocto: quadringenta nonagintaſex : & octies mille centum uiginti octo. Præter illos enim paucos, ſed quotquot ſemper in digitum uel ſenarium uel octonarium terminatos inuenies, hoc modo uocatos perfectos.

Numeri imparis ſpecies.

Impar numerus in treis ſpecies diuiditur.

Eſt namque numerus impar ſimplex, qui non habet partem aut numerum ſe metientem, præter unitatem, quæ à ſua totius quantitate denominationem accipit: ut ternarius, à quo monas ipſius tertia denominatur. Is numerus & alia denominatione primus & incompoſitus dicitur.

Deinde eſt numerus impar compoſitus, qui præter unitatem alium quoque numerum habet ſe metientem, & conſtituentem, ut nouem, qui præter monaden habet etiam ternarium, qui ter ſumptus ipſum nouenarium conſtituit. Quare alioqui ſecundus & compoſitus dicitur.

Poſtremo eſt numerus impar mediocris, cuiuſmodi eſt nouenarius, qui per ſe quidem ſecund⁹ & compoſitus eſt, ad uigintiquinque uerò comparatus, uidetur eſſe primus & incompoſitus. Nam hi duo numeri nõ habent numerum cõmunem, præter unitatem ſeipſos metientem. Quamobrem & nouenarius eſt mediocris, ut qui per ſe certè ſecundus & incompoſitus, ad alium uerò uigintiquinque comparatus, primus ſit & incompoſitus.

Numeri contra ſe primi.

Vnde nunc liquet, numeros, quibus nulla, præter unitatem, pars eſt ipſos metiens, contra ſe primos & incompoſitos dici, ut tria & quatuor. Eos uerò quos alia præter unitatem cõmunis pars metitur, communicantes uocari, cuiuſmodi ſunt,

Numeri communicantes.

nouenarius & duodenarius, habentes communem ternarium.

Iam quo puero ſtudioſo ſit amœnior adſpectus eorum quæ hactenus digeſſimus, & hunc typum hæc referentem ſubiunxi.

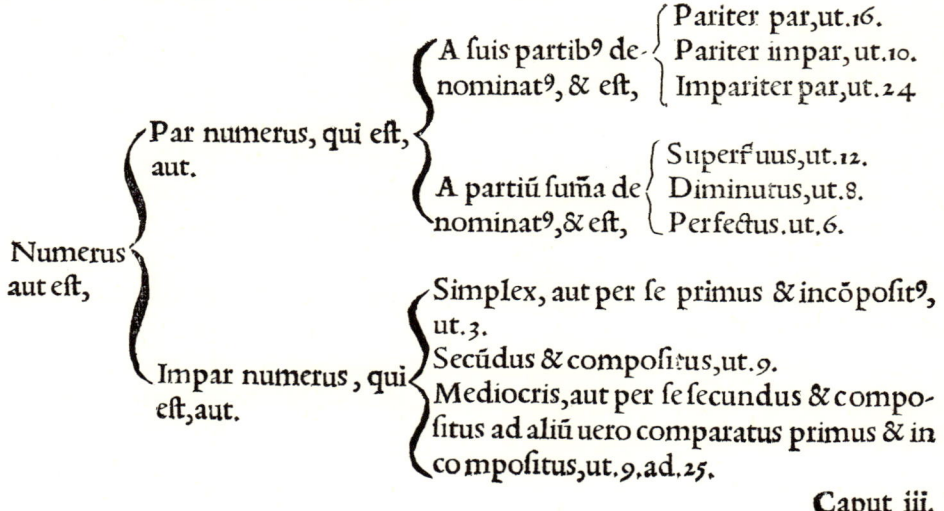

Caput iiii.

IO. FROSCHII.
CAPVT III.
De numero, ut refertur ad alium.

QVANQVAM prælibata numeri diffecti nomenclatura, cuiq́ ad præsens de Musica institutum, minus seruire forte uideri possit, tamen iuuétutem tibi instituendam factis ante primis rudimentis, huius nesciam esse per me non licebat: quandoquidem proportio, qua constat harmonia, in numerositate (ut dictum est) consistit. Et ob id, quòd nulla proportio potest esse nisi ad aliud, iam & eò loci adigimur, ut de numero ad alium comparato sit longius dispiciendum. Sapien.11.

Omnis itaque numerus, qui refertur ad aliú, aut est alteri æqualis aut inæqualis. Qui autem numerus alteri æqualis fuerit, aliter certe se habere non potest, neq́ subinde diuiditur.

Sed numerus inæqualis, sicut uel magis uel minus inæqualis est, ita in numeros aut maioris inæqualitatis, aut minoris inæqualitatis diuiditur.

Præterea Numerus maioris inæqualitatis, qui ad minorem se cui comparatur, bifariam diuisus est.

Nam quidam est maioris inæqualitatis numerus simplex, qui minorem se cui comparatur, aut ipsum plus quàm semel, aut ipsum totum semel, & unam ipsius partem aliquotam, aut ipsum totum & aliquot plures eius partes continet. Hoc ut trifariam fieri contingit, ita illius tres sunt species, nempè multiplex, superparticularis, & superpartiens. Numeri maioris inæqalitatis.

Multiplex est, qui ad alium minorem se comparatus, ipsum totum non semel, sed aliquoties continet, utpotè bis, ter, quater, quinquies, decies &c. Vnde numeri denominantur, duplus, triplus, quadruplus, quintuplus, decuplus &c.

Superparticularis est, qui ad alium minorem relatus, ipsum quidem totum semel, & ad hoc unam aliquotam illius partem continet: unde si aliquota fuerit cuiuspiam dimidium, numerus sesquialter, si tertia, numerus sesquitertius, si quarta, sesquiquartus denominabitur, & sic deinceps singuli. Obserues hoc loci duos primos superparticulares, nempe sesquialterum, & sesquitertium coniunctos, primú omnium multiplicé, duplum scilicet efficere, id quod in sequentibus ad perfectissimam harmoniarum inuestigandam conducet. Boët.2.c.11

Superpartiens est, qui ad alium minorem comparatus ipsum totum semel, insuper & plures aliquotas illius partes continet. Vnde si aliquotas duas, tres, uel quotquot reliquas contineat, ut si quindecim ad nouem retuleris, recte dicetur superbipartiés tertias: quia nouenariú semel & duas illius tertias tria, scilicet ac tria continet. Aut uigintiocto ad sexdecim supertripartiens quartas. Sicq́ toties adeo iuxta numerum, & à nomine aliquotarum ipsius contenti denominabitur.

Deinde subest quidam numerus maioris inæqualitatis, isq́ compositus, qui minorem cui comparatur, plusquam semel, ad hoc quoq́ uel unam ipsius aliquotá, uel plures ipsius aliquot partes continet.

MVSICA

Huius itaq; duæ sunt species, una ex multiplici & superparticulari constans, altera ex multiplici & superpartiente conflata.

Multiplex superparticularis est, qui ad alium comparatus ipsum quidem plus quàm semel unà cum aliquota suaipsius parte continet. Vnde & nomen ex multiplici & superparticulari compositum recte obtinebit, ut quindecim ad sex, duplus sesquialter est, quia senarium bis, & ternarium semel alteram illius scilicet partem continet.

Multiplex superpartiens est, qui alium minorem aliquoties, & plus quàm semel, unà cum multis aliquotis illius partibus continet.

Hinc & nomen illi ex multiplici & superpartiente conflatum constat: ut sexdecim ad septem, recte duplus superpartiens septimas nominatur, ob id quòd septenarium bis, ac duas monades, septimas ipsius partes contineat.

Numeri minoris inæqualitatis. Post hæc subit Numerus minoris inæqalitatis, qui quum ad maiorem se refertur, non potest non ea proportione ad eum se habere, qua ipse maior (ad quem relatus est) ad se habet. Quare in eas species, in quas & maioris inæqualitatis numerus distribuitur. Hoc uno admonito, quòd singula singulorum numerorum nomina præpositione sub præposita, ueniunt nuncupanda. Vt recte dicas subduplus, subsesquialter, subsuperbipartiens tertias, subduplus sesquitertius, subtripl⁹ supertripartiens quartas, & sic de singulis.

Et huius quoq; sectionis typum amœnioris adspectus gratia adiecimus.

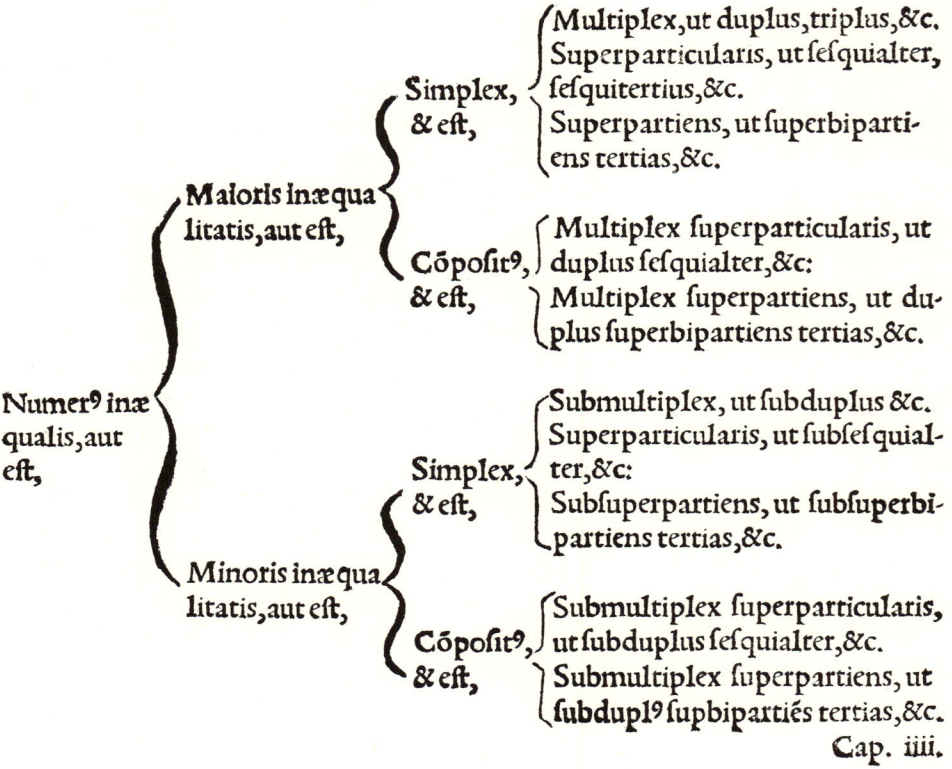

Cap. iiii.

IO. FROSCHII.
CAPVT IIII.
De modo ac ratione perfectionis numerorum.

NVNC repetamus id quod paulò ante memini, de plenitudine numerorum nempè, omnes numeros communiter dici plenos ratione incorporalitatis, nõ quòd pure & ad integrum corpore careant, sed quòd extra corpus earum natura sit, nec nisi circa corpus adpareat, unde eam non res sed intellectus separat. Propriè autem hi numeri pleni sunt, qui aut corpus efficiunt, aut efficiuntur, aut uim obtinent uinculorum. *Numerorum natura extra corpus est sed non nisi circa corpus adparet. Numeri propriè pleni.*

Numerus uerò corpus efficere, aut effici, hoc modo accipias. Monas puncti locum apud Mathematicos obtinet, quæ duplicata lineæ ductum exprimit, nam & ipsa duobus punctis terminatur. Quatuor uerò puncta aduersum se duplici ordine bina disposita, eiectis à singulis punctis in singula lineis, quadri speciem prebent, hæc quatuor duplicata, & sibi superposita, octo efficiunt, & quoquo uersum singula similia quadra describunt. Nam uelut altitudine adepta, quinq; alias planicies prebendo cubum siue tessaram, corpus efficiunt. *Numeros corpus efficere quo modo accipiendum.*

Hac Geometrica ratione octonarius solidus, & qui illum constituunt numeri pleni & perfecti sunt. Id quod non solum in his à pari generatis est cernere, sed & in illis ex impari prognatis secundum huiusmodi tres dimensiones efficitur. *Octonarius numerus solidus. Numeri a pari & ab impari corpus efficiunt.*

Quum enim tam paris quàm imparis numeri origo monas est, primus impar, à monade fluens ternarius quippe numerus linealis esto, hic æquali auctione triplicatus, nouenariũ, ut cum linea superficiem facit. Nouenarius deinde æqualiter triplicatus uigintiseptem numerum solidum constituit, perinde ac superficies in altum ducta, solidum corpus efficit. *Monas & paris & imparis numeri origo.*

Vbi ergo hac ratione huiusmodi numerorum & parium & imparium contextus à monade æqualiter procedat, & resolutio ad monadem usq; æqualiter redeat, merito solidi uocantur. Qui ut ab eadem ex utraq; parte terni, hac pares, illac impares fluxerint, non modo in figura præ oculis posuimus, sed etiam singulorum merita & uinciendi uires ex autoribus neutiq; uulgaribus conquisitas subinde adiecimus. *Numeri a pari & ab impari solidi*

Sequitur typus cum earundem Philosophia ac Mathematica ratione.

A 4

MVSICA

Dyas & eius merita.

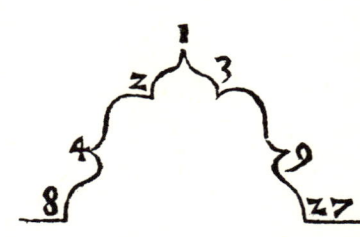

Dyas itaq;, id est dualitas, hoc habet mysterii, quòd post unitaté primus est numerus, primusq; par, qui sane ab integra & indiuidua unitate in incorpoream, sed intelligibilem lineam primus defluit, primusq; omium in seipsum ductus, ex se parit quaternarium numerum intra denarium comprehensum.

Ternarius & eius merita.

Ternarius numerus primus impar est, isq; simplex ac primus & incompositus, qui ab unitate triplicata in lineā fluxit. Habet & illud, quòd prima ab impari planicies, nempè trigonus, tribus lineis constat. Omnia quoq; corpora, siue Mathematica, siue Physica, trina diméſione metiunt, longitudine uidelicet, latitudine, & profunditate, nec est inuenire quartam.

Quaternarius & eius merita.

Quaternarius numerus secundus par est, & primus pariter par, qui duas medietates pares obtinuit. Hic numerus primus à pari in superficiem defluxit. A` pari quoq; prima planicies in lineis quatuor continetur. Insuper & omnia corpora terminis finiuntur quatuor, puncto nimirum, linea, superficie, ac soliditate. Necnon ex confœderatis elementis quatuor omnia coalescunt.

Quinarius & eius merita.

Quinarius numer9, secund9 impar & simplex est, solusq; oīa quæq; sunt, quæq; uident esse complectitur, hæc ut subiecta corporaliaq;, illa ut intelligibilia & superna. Aut enim Deus summus est, aut mens rerum species continens, ex eo nata est, aut mundi anima animarū omniū fons est, aut cœlestia usq; ad nos sunt, aut terrea natura est. Et hoc modo rerum omnium numerus quinario continetur.

Senarius & eius merita.

Senarius numerus primus & solus ex omnib9 numeris, qui infra decé sunt, è suis partibus constat, ut suprà dictum est. Ad hoc habet illud, quod primi omniū numerorū solidi siue cubi, à pari scilicet, octo fœmina, & ab impari uigintiseptē mas,

Macrob. in som. .1.

coeundo quidem trigintaquinq; generant, quæ per senarium multiplicata, numerum dierum septem mensium, nempè decem & ducenta efficiunt, primam humani partus perfectioné, quam senari9 uelut arbiter maturitatis absoluit. Est & is numerus creationis cœli & terræ, ac absolutæ rerum omnium uniuersitatis.

Genes.1.
Septenarius & eius merita.

Septenarius numerus uirginitatis est, quia duplicatus nullū ex se parit numerū intrà denarium compræhensum. Ipse uero aut ex unitate multiplicata, aut ex numeris ab unitate prognatis & intrà denarium coactis generatur. Coalescit enim uel ex unitate & senario, uel ex dualitate & quinario, uel ex ternario & quaternario. Cæterū non tantū ex iis suis partibus, quibus tales uinculorū uires sunt, con-

Plato in Timæo.

iunctus septenarius, imò & ex suaipsius potentia plenus est. Nam iuxta Platonis Timæū, mundanæ animæ origo septenis terminis, monade scilicet, dualitate, qua ternario, octonario, ternario, nouenario, ac uigeno & septenario primum constat. Et septé sunt errantiū syderū sphæræ. Quin & soli ipse uices & solstitiales & equinoctiales, septimo signo mutat. Luna quoq; curriculū suū quaterseptenis dieb9, & horis ferè septé conficit. Adde quòd sacra Biblia & Domino Deo septimo die ab

Genes.2.
Exod.20.

opere creatiōis quieté fuisse testāt, & septimū sabbati dié sanctificandū illi p̄cipiūt.

Deniq;

IO. FROSCHII.

Deniqʒ quicquid ufquàm in facris literis nedum in phyficis feptenario proponitur, id myfteriis uniuerfum eft refertum.

Octonarius numerus primus pariter parium eft, cuius ut partes pariter pares funt, ita diuifio pariter par procedit: diuiditur enim in bis: bina bis primusqʒ parium altitudinem nactus, intelligibile corpus efficit. Nam quaternario numero fuperficiali ex dualitate lineali defluente, ac in altum erecto, primus hic octonarius folidam profunditatem accipit. Hic etiam numerus conftat, aut ex his partibus, quæ neqʒ generantur, neqʒ generant, monade nimirum & feptenario: aut ex duplicato quaternario, qui & generatur & generat: aut ex ternario primo impari, fimplici, & quinario omnium rerum diftributionis capace. A` paritate quoqʒ fuarum ipfius & partium & diuifionis, uocari meretur iuftitiæ numerus, cum primis autem noftratibus refurrectionis Chriftianæ numerus. *Octonarius & eius merita. Octonarius numerus iuftitiæ dictus.*

Nouenarius numerus imparium primus compofitus eft, ut qui à ternario triplicato factus, primufqʒ impariū à ternario omnium primo impari, fimplici ac lineali, auctione impari æqualiter triplicato in fuperficié efficitur. Receptum eft quoque pro uero hominem fæpe nono menfe gigni. Et antiquitas non fine philofophiæ arcano nouem Mufas canoras orbibus cœleftibus tradidit infidentes. *Nouenarius & eius merita. Hominem nono menfe gigni. Aul. Gell. 3. c. 16. Nouem Mufæ.*

Decas, id eft denarius numerus perfectiffimus eft, utpotè primus numerorum limes, proinde in ipfo eft ftatus & quies omnium eorum, qui à monade progreffi, infra illum funt. Cæteri uerò ipfum excellentes, fimili progreffu ab ipfo fubinde denario perinde ac illi à monade, ceu per membra & articulos propagantur. *Denarius & eius merita. Denarius numerus perfectif.*

Quamobrem uocatus eft & uniuerfitatis numer9. Neqʒ myfterio caret id, quod lex denario præceptorum numero per Mofen data eft. *Macrob. 7. Denarius uniuerfitatis numerus. Exo. 20. Deu.*

Sed neqʒ numerus ille uigintifeptem prætereundus eft, qui primus omnium ab impari, nouenario plano fuperficialiqʒ numero triplicato, etiam tertiam dimenfionem, nempè profunditatis accipit, & ficut à pari, bis bina bis, octonarium folidum, ita ter terna ter, ab impari, uigintifeptem numerum folidum & perfectū effitiunt. Hactenus de perfectione numerorum quàtenus inftituti ratio poftulabat.

CAPVT V.
De proportione & proportionalitate.

HIS itaque confyderatis, facilè tibi colliquefcet, proportionem effe duarum eiufdem generis quantitatum, numerariam adinuicem habitudinem, circa res aliquas confyderatam Hæc autem habitudo fubhæc denominabitr̄ iuxta id, quod illæ quantitates aliæ ad alias, uel æqualiter, uel inæqualiter, modis fuperius recenfitis referuntur, ut inter binarium & quaternarium, quum hic ad illum fit duplus, proportio erit dupla. *Proportio quid fit.*

Proportionum

MVSICA

Proportionalitas quid.

Proportionum uerò habitudo, aut si mauis similitudo inter se, proportionalitas dicitur, quæ nec paucioribus quàm tribus terminis constare potest. Nam inter terminos duos una dumtaxat emergit proportio. Vt ergo proportionalitas fiat, tertius oportet, ut sit terminus constitutus: uelut hic est uidere inter. 2. 4. & 8. ut enim octonarius ad quaternarium, ita quaternarius ad binarium est in dupla proportione, ea similitudo proportionum est proportionalitas.

Hæc etsi non simpliciter, sed multis modis accipitur, quos consulto præterire libuit, tamen eam, quoad nobis conducit, in tres formas diduci conferet, aliis ab hoc foro tanquam alienis ablegatis.

Proportionalitas Arithmetica. Proportionum termini numerorum aceruí sunt

Est em in primis, proportionalitas Arithmetica, quæ trib⁹ uel pluribus terminis: aut certe numerorū aceruis positis, æqualitate proportionū neglecta, solā differentiarū æqualitaté, qua termini differunt, obseruat. Cuiusmodi fit in hac dispositione numerorū. 4. 6. & 8. In qua differentia sex ad quatuor, & rursus octo ad sex equalis est. Nam utrobiq; dualitate differunt. Quòd si huiusmodi proportionalitatis quærenda sit medietas, dimidiū differentiæ minimo termino adiiciatur, & quod inde excreuerit medium terminum efficiet.

Proportionalitas Geometrica.

Deinde est Geometrica, quæ tribus uel pluribus terminis positis, numerorum differentiis neglectis, solam proportionum æqualitatem sic obseruat, ut numerorum differentiæ, quibus termini à seipsis differunt, in eadem proportione cum ipsis terminis consistant, quale hic fit. 1. 2. 4, & 8. Inter eiusmodi terminos ubiq; est proportio dupla in pgressu, neq; numerorū differentiæ, quibus termini differunt, puta. 1. 2. & 4. æquales sunt: attamen sunt in eadem proportione ad ipsos terminos scilicet. 2. 4. & 8. constitutæ. Eandem terminorum & differentiarum æqualitatem, per reliquas proportiones progressurus, obserues.

Proportionalitas harmonica.

Demum subit harmonica, quæ tribus, uel pluribus terminis constitutis, neq; numerorum differentiam, neq; proportionum æqualitatem ullam obseruat, sed ut ipsæ terminorum proportiones, aliæ ad alias habeát, inquirens, ratione ac sensu perpendit: id quod sic tandem obuenit, ut quemadmodum maximus terminus ad minimum refertur, ad eundem modum & differentia maximi & medii termini ad differentiam medii & minimi comparatur.

Huiusmodi est cernere hic in numeris. 6. 4. & 3. ubi neque differentiarum neq; proportionum æqualitas reperitur. Nam inter maximum & minimum terminos scilicet. 6. & 3. dupla. Inter maximum. 6. & medium. 4. sesquialtera, & inter mediū & minimum sesquitertia, proportiones quidem sunt harmoncíæ, & consonantes.

Et sicut inter maximum. 6. & minimum. 3. est dupla, ita inter. 2. differentiam maximi & medii, & . 1. differentiam medii & minimi similiter dupla est proportio. Huiusmodi medios inuenire licet infra ex harmonica numerorum collatione.

Proportiones quo pacto maiores uel minores dicantur.

Cæterum notandū, maiores & minores proportiones denominari à partibus & differentiis hoc pacto. Pars enim dimidia maior est tertia, & tertia maior quarta &c. Vnde fit, ut quo numeri augeátur, eò proportio minuatur.

Et in maioribus numeris minoré, in minoribus uero
maiorem proportionem sit inuenire.

CA. VI.

IO. FROSCHII.
CAPVT VI.
De numeris & proportionibus harmonicis.

ETSI hactenus in numerorum & proportionum nomenclatura tanto interuallo oberrauerim, ut tibi, lector amice, uel fames eius quod promiseram, periisse possit, aperta tamen hac qua ad institutum erat ingrediendum ianua, Musicas iam demum proportiones adoriemur. Harū pars quædam sonorum ac uocum differentias & altitudines metitur, eæ sunt proportiones proprie harmoniacæ. Pars altera uocum tempus, & motus mensurales, nō sine Geometrica ratione ab aure depræhensos iudicat, De hac in sequentibus, *Proportiones Musicæ duplices Harmonicæ.*

Illam uero in præsenti bifariam tractandam, rei ordo expofcit, *Geometrica.*

Habitudo enim eius, aut est in unoquoq; terminorum, uelut fit in consonātia, aut alia ratione in uno, & alia ratione in altero termino consyderata. Eas autem species dum pro mea uirili & huius instituti ratione excussurus pergo, forte uidebor ad rem domestice tibi cognitam, lucernam in meridie adhibiturus: sed & hoc me ne quicq̃ mouebit, dum intereà meum tibi pensum persoluero, atq; animum, perinde ut decreui, adperuero.

Harmonia præterea, id est consonantia, sonorum est & grauiter & acute excitatorum permixtio, non sine iucundo & amœno tum sensus tum rationis iudicio comprobata. Tametsi sonum hoc loci, uocem esse, non omnem, sed eam, quæ cū pductione prolata, certa quidē sit, statariaq;. Hæc subinde phthongus nostris dicitur Græcis δύναμις. Sonus autem nusquam fit, nisi aëre percusso, causa huius est ictus, qui dum ingens & celer incidit, acutum sonū præstat, si tardior lentiorue, grauem. *Harmoniæ diffinitio. Boët.4.C.4.2. Sonus fit.*

Acutus sonus quo grandiore impetu fortioriq; spiritu excitatur, hoc magis ad monadem syncerius redigi contendit, atq; spirituum fontem Deum mundissime referre gestit. Grauis uero motu tardiore, ac spiritu uelut languescente causatus, numeris condensatis efficitur. *Acutus sonus quomodo fit. Grauis sonus quomodo fiat.*

Nam quo grauius descendit, hoc longius à monade digreditur, numeris sese adcumulantibus, ima petens. Consequitur nunc harmoniam non uno & æquali sono, sed duorū uel plurimum inæqualium sonorum permixta moderatione fieri. Proinde nec huiusmodi moderatio harmoniam efficit, nisi quum debita proportionum siue numerorum lege intenduntur soni. *Boët.4.c.5. Harmonia fit.*

Sed ex uniuersa numerorum uarietate pauci nimirum, qui ad conficiendam Musicam conueniant, iiq; in genere multiplici & superparticulari reperiuntur. Suntq; ad Phytagoricorum sententiā, si Epogdoum connumeres, hi sex, Epitritus, Hemiolius, Duplaris, Triplaris, Quadruplus, & Epogdous, è quibus non harmonia tantum conficitur, uerum etiam per eos. Autore Ptholomeo, inter omnia quæ sibi iunguntur & aptantur, fit iugabilis competentia, nec quicquam alteri nisi per hos numeros conuenire potest. His recentiores Musici haud inscite Sextuplum, ut qui hominis, flatu & ædi, & aure percipi queat, adnumerarunt. *Macrob.2.c.1. Ptholom. de harmonia. Sextuplus inter harmon. recensitus.*

Est autē

MVSICA.

Epitritus.   Est autem Epitritus, numerus sesquitertius, ut sunt quatuor ad tria, quali proportione fit symphonia διὰ τεσσάρων, quam uulgo quartam uocant: quia terminis quatuor, & interuallis siue diastematis tribus constat.

Hemiolius.   Hemiólius, est numerus sesquialter, ut sunt tria ad duo: tali pportione fit symphonia διὰ πέντε, celebris illa medietas Musica, quinta uocata, quia terminis quinq̨ & interuallis quatuor constituitur.

Duplaris.   Duplaris, est numerus duplus, ut quatuor ad duo, quali proportione fit symphonia διὰ πασῶν, octaua illa, terminis octo, & interuallis septem constans, tonis nimirum quinq̨ & semitoniis duobus.

Triplaris.   Triplaris, est numerus triplus, ut nouem ad tria, quali proportione fit symphonia διὰ πασῶν cum διὰ πέντε, uulgo duodecima dicta, quod terminis duodecim & interuallis undecim constet.

Quadruplus.   Quadruplus numerus est, qui minorem quater continet, uelut octo habet duo, quali proportione fit symphonia δὶσ διὰ πασῶν, uulgo quintadecima adpellata, quod totidem terminis interualla quatuordecim edentibus constet.

Sextuplus.   Sextuplus, est qui perinde se habet, ut duodecim ad duo, quali pportione symphonia nascitur δὶσ διὰ πασῶν cum διὰ πέντε, uulgo nonadecima nuncupata, quod totidem terminis, scilicet undeuiginti, interualla duodeuiginti facientibus constituatur.

Epogdous.   Epogdous autem numerus est sesquioctauus, ut sunt nouem ad octo, quali proportione fit tonus, qui etsi harmonia proprié non conficiat, tamen minimé prætermittendus est, ut qui uinculi rationem obtineat, de quo latius capite sequenti.

CAPVT VII.
De ratione harmoniarum.

SED cur huiusmodi numeri, ex infinita numerorum uarietate, pauci ac soli Musicam conficiant harmoniam, id non nihil ueterum literis proditum est, de quo summis quidem labiis summariam indicaturam delibabimus.

Numeri illi harmoniam quare conficiant.

In primis igitur haud parũ mometi habuerit scire, quod habitudines ac pportiones illæ plerumq̨ nascunt è numeris solidis, qui & à pari & impari perfectioné soliditatis efficiunt, ut suprà indicatum est. Nam ut habet Macrobius Commentario secundo in sextũ de Rep: Anima ipsa, aut uerius existentia mundi, per eos numeros, sine quibus ne ulla fit iugabilis competentia, qui ab impari masculo & pari fœmina, utrimq̨ cubum & perfectionem efficiũt, per numeros, inquam, solidos prognata est & contexta, nõ quod illa corporeũ quidpiam habeat, sed ut uniuersitatem animando penetrare, mundiq̨ solidum corpus implere possit

Macrob. 2. c. 2.

Plato in Timæo.   Platonici quidem illius Timæi uerba, de Deo animã mundi fabricante, apud eundem adscripta sunt in hunc feré modum. Primam ex omni firmamento parté tulit, nimirum Deus, hinc sumpsit duplam partem prioris. Tertiam uero secundæ hemioliam, sed primæ triplam, & quartam duplam secundæ. Quintam tertiæ triplam. Sextam primæ octuplam. et Septimã uicies septies à prima multiplicatã.

Plutarch. de Mu. Macrob. ut sup.

Post hæc

Post hæc, spacia, quæ inter duplos & triplos numeros hiabant, insertis partibus adimplebat: ut binæ medietates singula spacia colligarent. Ex quibus uinculis hemiolii, & epitriti, & epogdoi, & limmata nascebantur. Hæc Platonis uerba ita à nonnullis excepta sunt, ut primam partem monaden crederent. Secundã quam dixi duplam prioris, dualem numerum esse confiderent. Tertiam, ternarium numerum, qui ad duo hemiolius est, ad unum uero triplus. Et quartam, quatuor, qui ad secundum, id est ad duo duplus, est.

Quintam nouenarium, qui ad tertium, id est ad tria triplus est. Sextam autem octonarium, qui primum octies continet. At uero pars septima in uigintiseptem fuit, quæ faciunt augmentum tertium imparis numeri, Hactenus Macrobius, quatenus & Plutarchus.

Tu uerò in hoc mundanæ, ut ille uocat, animæ contextu iam enarrato, uides esse proportiones, duplam, qua, Διὰ πασῶν, sesquialteram, qua Διὰ πέντε, sesqui tertiam, qua Διὰ τεσσάρων, Triplam, qua Διὰ πασῶν cum Διὰ πέντε. Quadruplam qua Δὶς Διὰ πασῶν, & octuplam, qua τρὶς Διὰ πασῶν, symphonias prodire, nemini non notum est.

Cæterũ Epogdous in sesquioctaua est proportione, ex qua nascitur sonus, quḗ Musici tonum uocant. Sonum uero tono minorem ueteres, semitonium adpellarunt, non ut dimidius tonus putetur, sicut nec semiuocalem inter literas pro uocalis medietate accipimus: sed quia tonus in duo æqualia diuidi nequit, hunc sonũ tono quidem minorḗ tam paruo au tem à tono distare deprehensum est, quantũ hi duo numeri. 256. & 243. inter se distant. Nam numerus. 13. differentia utrimq̃ superabundans, minor est decimaoctaua parte numeri. 243. nedum illius decimãsextam aut decimamseptimam æquans: decimanona uerò parte maior, quorum demonstrationem non nullam in locum de theorematis sequentem reiecimus. Epogdous autem & semitoniũ, quod Pythagorici diesim, Platonici uerò limã uocitarunt, etsi neuter symphoniam conficiat, tamen eorum non potest non haberi ratio: artim quòd ipsi in hoc, quo uersamur melodiæ genere, symphoniarũ interualla: & medietates Musicas distinguant, emetianturq̃ partim quòd iisdem ceu uinculis, nempè tono & semitonio, solidæ symphoniæ, deflectendo concinnetur, & uelut ansulis committantur. Adde quòd contexendo cantui, suos cuiq̃ tropos & modos, uiresq̃ mouendi animi, tribuere soleant & adhibere.

Præterea neq̃ hoc contemnendum, nedũ ignorandum erit, quod in ipso mundi corpore, interualla syderũ inter se, & eò usq̃ à terra distantia æqualibus huiuscemodi numeris & proportionibus duplaribus scilicet, triplis, quadruplis, epitritis, hemioliis distare, & epogdois, semitoniisq̃ compleri, Platonici credendum statuerunt. Eiusmodi & Plinius scriptam reliquit sententiam.

Adhæc & duorum luminarium solis ac lunæ & quinq̃ stellarum errantium adcessus & recessus, per quos Astrologi aerem, & sublunaria hæc uniuersa mutari, & adfici autumant, per duodecim zodiaci sectionum & signorum status, huiusmodi numeris & proportionibus perfici & absolui receptum est. Nam respectus Sextitilis fit secundo signo, quæ distantia ad reliquam signiferi partem est in quintupla,

Tonus qui fit. Semitonium qui fit.

Macrob. 2. c. 1. Boæt. c. 17. & 3. c. 2. & 12.

Semitonium Diesis Phythagoricis Limma Platonicis dictus.

Tonus & semitonium tropis uires mouendi animi tribuunt. Interualla syderum proportionibus harmoniacis distant. Plin. 2. c. 21. Planetarum adspectus proportionibus harmoniacis perficiuntur.

B

MVSICA

ad ipsum uerò circi totum, in sextupla: sed illa reliqua pars in sesquiquinta proportione existit. Similiter Quartus tertio sit signo, quæ distantia ad reliquam zodiaci parte est in tripla, ad ipsum zodaici totū, in quadrupla, sed pars illa reliqua in sesquialtera pportione. Aeque quum trinus quarto signo sit, distantia illa ad reliquū zodiaci totum, in tripla, sed reliquū illud est in sesquialtera pportione. E quibus singulis proportionibus singulas symphonias nasci certum est, id quod ex sequentibus clarius intelliges.

CAPVT VIII.
De fidium harmonicarum numero & ordine.

H OC loci rem ut ueram, ita certā, uelut acu tangam. Putabunt forte quidam quæ hactenus de numeris retulimus, nugas esse Siculas, steriles, atq̃ obscuras, (siquidem & numeri Platonici iampridem in obscuritatis prouerbium abierunt) Sed quibus id uidebitur, eos uel sola chorda istac, lege proportionum diuisa, abundantius erudiet, quàm ut necesse sit hic nos diutius imorari. Pythagorici Canona uocant, nostri Monochordū.

Monochordum diuisum adperte harmonias docet.
Musica instrumētalis est generis diatonici.
De fidium ordine. Boæ. 1. c. 22. Plin. 7. c. 56.
De fidium numero & ordine.

Monochordum autem diuisuros huius in primis admonitos oportet, quamuis melodiæ genera tria sunt: de quibus infra nonnihil delibaturi sumus, nostram Musicam diatonico generi, tonis ac semitoniis contexto subsistere, quod genus est & harmonia mundanæ animæ iam ante recensita.

Cæterum etsi Musica principio fidibus quatuor, & ceu tetrachordo duntaxat, deinde heptachordo constiterit, ubi tum ima (ut autor est Boætius) ὑπάτη id est principalis, summa aut certe nouissima Νήτη, quasi Νεάτη, media uerò μέση dicebatur, sub hæc tamen alias chordas aliis, & supernè & infernè adiicientibus, Νήτας nimirum & ὑπάτας: ita creuit numerus uocum, ut & aliud heptachordum adcesserit, & cithara quatuordecim chordarum sit facta. Sed quum in ea μέση illa locum, quem in priore heptachordo nomini suo congruente habuerat, medium non obtineret, adiecta est infernè quintadecima chorda προσλαμβανόμενος dicta. Ita factum est ut μέση utroque relata Διὰ πασῶν ederet. Ima uero ad summam Δὶς Διὰ πασῶν reddebat.

In ea quoq̃ Plutarchus libello quem de Musica scripsit, similiter Boætius, & quicumq̃ ueterum de musicæ disciplina conscripserunt, harmoniarum metam & pomeria ponunt. Quos uel ob id solum testes citare libuit, ne cuiq̃ hæc, ceu rem nouam, aut nostra somnia, confingere uideremur.

Adiecta Proslambanomenos quæ quintam decimam chordam efficit.
Synemmenos tetrachordi quinti

Verum neruis hoc ordine dispositis quatuor inuenta sunt retrachorda, singula Διὰ τεσσάρων sonantia, bina quidē supernè neruo communi coniuncta, totidéq̃ & infernè similiter coniuncta: sed hæc ab illis disiuncta, nō em erat neruus medius, qui superioris tetrachordi grauissimā, inferioris uero acutissimā, unus atq̃ idem sonaret atq̃ coniungeret, uidebatur itaq̃ futurum quintum tetrachordum, si inter μέσην & παραμέσην sextadecima chorda locaretur. Hæc quoq̃ inserta, & συ-
ζευκτικός

IO. FROSCHII.

ζευκτικὸσ id est **cuniunctiua** dicta est, ut quæ disiuncta coniūgeret, & ad tetrachordum quintum, συζευγμένωρ id est coniunctarum &(ut uocant)συνημμένων scilicet constituendum conduceret.

Iam uero chordarū uocabula & inuenta, atque id genus alia pœnitius inquirere, nó nostri instituti est. Hac eñ uia forte uidebor uel à nostro ppofito longiusculè digressus, uel quæ alioqui obscura per nebulam conspicienda exhibuisse: sed magis fidium nostratū siue phthongorum pductione prolatorum & numerum, & ordinem constantem breuiter perstringere libet.

Prima igitur omniū chordarum est προσλαμβανόμενοσ, quamuis postremo ferè adiecta, quo pentachordum ad ὑπάτην μεσῶρ faceret, sed ut ima ita & grauissima locum hunc ordine primum iure occupat,

Secunda est ὑπάτη ὑπάτωρ, principalis sane principalium, ut quæ olim priori quidé ὑπάτη, sed nuncὑπάτη μεσῶρ, siue mediarū infimæ supaddita, proinde grauissima huius tetrachordi ὑπάτωρ primum locum obtinet.

Tertia παρυπάτη ὑπάτωρ est, & ceu propior principali principaliū, quia in hoc tetrachordo locum tenet post ὑπάτηρ ὑπάτωρ secundum.

Quarta est λιχανὸσ ὑπάτωρ, id est indicatiua principalium, huius tetrachordi locum tenens tertium.

Quinta est ὑπάτη μεσῶρ. ὑπάτη quidé antiqua, sed modo bina tetrachorda coniungens. Est eñ tetrachordi ὑπάτωρ summa, μεσῶρ uero siue mediarum inima.

Sexta, est παρυπάτη μεσῶρ, post ὑπάτην nimirū hui⁹ tetrachordi fides secunda.

Septima, λιχανὸσ μεσῶρ illius tetrachordi mediarum indicatiua, locum eius obtinet tertium.

Octaua, est μέση hui⁹ tetrachordi mediarum suprema, coniunctarū uero infima.

Nona, τρίτη συζευγμένωρ est, numero quidem ab ultima coniunctarum νήτησ συζευγμένωρ scilicet tertia, post mam uero μέσην illam secunda.

Decima παραμέση est, propio μέσησ, quæ ultra μέσην illam prima disiunctarum infimum illius tetrachordi locum implet.

Vndecima, uocé binis tetrachordis cōmuné una & eadé sonat, aut eñ cōiunctarū ordine tertia recensef, & erit illi παρανήτη συζευγμένωρ, hoc est, ppiori suñæ coniunctarū nomé, aut disiunctarum post παραμέσην secūda reputata uocabif à suprema disiunctarum numerando τρίτη διεζευγμένωρ, siue disiunctarum tertia.

Duodecima, utroq̃ tetrachordo perinde cōmunis est. Ná uel inter coniunctas νήτη συζευγμένωρ, uel inter disiunctas παρανήτη διεζευγμένωρ erit.

Tertiadecima, est νήτη διεζευγμένωρ, suma quidem disiunctarū, ima uero tetrachordi ὑπερβολαίωρ hoc est excelletium.

Quartadecima, est τρίτη ὑπερβολαίωρ, ab acutissima quidé ὑπερβολαίωρ numero tertia, quamuis post grauissmun ὑπερβολαίωρ sit secunda.

Quintadecima, est παρανήτη ὑπερβολαίωρ, tertia quidé ordine post imam, sed propior summæ excellentium.

Sextadecima, est νήτη ὑπερβολαίωρ, suma & nouissima tetrachordi ὑπερβολαίωρ, id est excellentium.

Chordarum nomina.

MVSICA

Hactenus de numero & ordine fidium harmonicarū in genere diatonico, quorum omnium demonstrationem: & intellectum amœniorem: sequentibus post hac figuris accipies.

CAPVT IX.
De diuisione monochordi in genere diatonico.

Boët. 4. c. 1.

IN Monochordo diuidendo nō cuiusq̃ palato forsitan sum seruiturus, uerū id meo me iure fecisse, nō ibit inficias, quisquis diuersū ab hoc poposcerit, si uel unū in hoc mihi Boëtiū adstipulari cognoscat. Is em libro. 4. de Musica tradit, etiā aliā ab ea, quā priore libro descripserat, posse diuisionē fieri, quā tota pportionū ratio ob oculos posita etiam cernat. Proinde rude & uulgare hanc diuidēdi rationē, iuxta mūdanæ harmoniæ analogiā cōplexus sum, quæ uel inter conficiendū instructa harmonica, siue chordarū ictibus, siue uentorū flatibus moderāda, solerti artifici singuli foret. Lineā uerò diuidētes, & chordā diuisu olumus, iuxta quā singulæ singularū fidiū proportiones non possunt nō haberi.

Monochordi diuisio artificibus instrumentorum utilis.
Linea diuisa chordam repræsentat.
Primum inter diuidendum quatuor tetrachordorum limites designantur.

Esto igitur chorda ad lineam rectam intensa, in qua signetur longitudo. A t. quæ puncta fulcrorum & chordæ stationes sunto.

Primum itaq̃ diuidatur linea. A t. in duo æqualia, in puncto. a. & utruq̃ dimidium & A a. & a t. habebit se ad. A t. in pportione dupla. Ideo utroq̃ διὰ πασῶν consonantia fiet. Et erit. A t. προσλαμβανόμενος & ima pentachordi ὑπάτων secundi. a t. uerò μέση siue media fiet.

Postea diuidat linea. a t. in duo æqualia in pūcto. aa. & cōsistet. aa t. ad. a t. in dupla, ad A t uerò in quadrupla sonās δίσ διὰ πασῶν, & fiet. aa t. Νήτη ὑπερβολαίων.

Deinde diuidas lineam. E t. in tria æqualia in punctis. E. & e. Quòd si bene mēsus fueris, erit. E t ὑπάτη μέσων, habebitq̃ se. E t. ad. A t. in sesquialtera, ædens διὰ πέντε: A d. a t. uerò in sesquitertia ædens διὰ τεσσάρων. Sed. e t faciet Νήτην διεζευγμένων, habēs se ad. E t. in dupla, ad. a t. in sesquialtera, ad. A t. uerò in tripla, ædēs διὰ πασῶν cum διὰ πέντε.

Ad hæc diuide lineam. E t. in tria æqualia in punctis. ♮. & ♮♮. & huiusmodi tertiarum unam illi subiice in puncto B. quòd si bene operatus fueris, erit. B t ὑπάτη ὑπάτων, habens se ad. A t. in sesquioctaua, ædens tonū, ad. E t in sesquitertia, ad. ♮ t. in dupla, & ad. ♮♮ t. in quadrupla. Sed. ♮ t. fiet παραμέση habēs se ad. E t. in sesquialtera, ad. e t. in sesquitertia. Et hoc pacto habebis extremitates tetrachordorū quatuor, inter quas duæ sunt medietates, nempe ὑπάτη μέσων, & νήτη διεζευγμένων, bina hinc & illinc tetrachorda coniungentes.

Tetrachorda quatuor designantur.

Hoc itaq̃ facto, singula tetrachorda modo adimplebis, quo sequitur. Primum accipe octauā partem lineæ. a t. hancq̃ illi subiice in puncto. G. Et erit. C t. λιχανὸς μέσων, consistens ad. a t. in sesquioctaua sonando tonum.

Implentur tetrachordorum limites.

Deine diuidas lineā. G t. in duo æqualia in puncto. g. & huiusmodi alteram illi subiice in puncto. C. Et habebit se. g t. ad. G t. in dupla, ad. C t. in tripla, constituēs παρανήτην ὑπερβολαίων. C t. uerò ad. G t. in sesqualtera, faciēs παρυπάτην ὑπάτων

Insuper

Insuper diuide lineam. C t. in duo æqualia in puncto. c. Quod si recte mensus es, erit. c t. τρίτη διεζευγμένωρ, consistens ad. G t. in sesquitertia, & ad. C t. in dupla.

Ad hæc diuide lineam. c t. in duo æqualia in puncto. cc. & alteram huiusmodi parté illi subiice in puncto. F. Quod si bene mensus fueris, erit. cc t. ad. ct. in dupla, ad. C t. uerò in quadrupla. Sed. F t. fiet παρυπάτη μεσῶρ, constans ad. G t. in sesquioctaua, ædens tonum, & ad. E t. semitonium, ad. c t. uerò in sesquialtera.

Tum diuide lineam. F t. in duo æqualia in puncto. f. & si bene operatus fueris, fiet. f t. τρίτη ὑπερβολαίωρ, habens se ad. F t. in dupla, ad. g t. in sesquioctaua.

Porrò sume lineæ. a t. alteram partem in puncto. aa. incidente, quam illi subiicias in puncto. D. Quod si rite feceris, erit. D t. λιχανὸς ὑπάτωρ constans ad. A t. in sesquitertia, ad. a t. in sesquialtera, ad. E t. in sesquioctaua.

Demum diuide lineam. D t. in duo æqualia in puncto. d, & huiusmodi alteram illi subiice in puncto. Γ. fulcro illic suffecto. Quod si bene operatus es, habebit se. D t. ad. Γ t. in sesquialtera. Sed. d t. fiet παρανήτη διεζευγμένωρ, habens se ad. D t. in dupla, ad. Γ t. in tripla, & ad. c t. in sesquioctaua.

Cæterum quo tetrachordum μεσῶρ siue mediarum, tetrachordo illi disiunctarum, communi neruo medio, coniungi possit, & binæ illæ fides παρυπάτη μεσῶρ & τρίτη ὑπερβολαίωρ medietatem harmonicam. Διὰ πέντε nimirum, & Διὰ τεσσάρωρ, quoquo uersum facere queant, fides illa coniunctiua inserenda est, hoc pacto. Diuide lineam. f t. in duas æquales partes, & huiusmodi alteram illi subiice inter. a. & ♮. in puncto. b. Quod si bene operatus fueris, erit. b t. τρίτη συζευγμένωρ, ordine quidem tertia coniunctarum, per quam tetrachordū coniungitur: & habebit se. b t. ad. f t. in sesquialtera, ad. F t. uerò in sesquitertia. {.right.}Tetrachordorum quatuor coniunctio.

Tum accipias alteram lineæ. F t. incidentem, hancq́ illi subiice in puncto. b. inter. A. & B. & erit maior illa. b t. ad. F t. in sesquialtera, ad. b t. uerò minorem superné inter. a. & ♮. in dupla.

Quod si eam lineam. b t. τρίτησ συζευγμένωρ in duas æquales diuiseris in puncto. bb. habebit. bb t. ad. b t. in dupla, ad. b t. uerò inferné inter A. & B. in quadrupla.

Idem fiet linea. d t. diuisa in puncto. dd.

Simile quoque est de linea. e t. in puncto. ee. diuisa

Hactenus id quod de monochordi sectione pollicitus, exposui. Nunc & illud indicandum est, quod etsi antiquis fides hæ septem literis insignitæ scilicet. Γ. b. bb. ♮♮. cc. . dd. & ee. extra cantionem prorsusq́ alienæ fuerunt, eas tamen recentiores Musici haud temere, neque inscite usurparunt, & ceu fidium cancellis latioribus circumscripserunt. Proinde non solum oportunum fuit, sed & necessitas & uis harmonica huc adegit, ut. b. fides inter προσλαμβανόμενοσ & ὑπάτην ὑπάτωρ collocaretur. Nam alioqui chorda non erat, quæ in perficienda symphonia Διὰ πασῶρ hoc loci, Musicam medietatem, & ceu pentachordum necessarium, harmonica ratione faceret, ac Διὰ πέντε ad παρυπάτην μεσῶρ sonaret. Tū uerò pueris cantorum choro adhibitis, quum iam melodiæ non uno tantum tenore, sed dulcesonantibus modis & uocibus, & multigenis, συστήματα & compositiones æderentur, conuenienne adiectæ sunt & aliæ sex, nempè inferné una. Γ. superné uero quin- {.right.}Fides septem ultra quindecim antiquas adiectæ.

Pentachorda necessaria sunt.

B 3

MVSICA

que reliquæ,idcg occasione haud peffima. Nam & Ariftoteli & Boætio Mufica ut plerifcg(uidet̃) mere Mathematica nõ eſt,ut quæ partim ratione, partim fenfu cõſtet. Ratio autem numerofitatis multiplicationem nequaquam refpuit,licet in mille milia fuccrefcat, dummodo eadem proportionum analogia & fimilitudo eueniat. In nouem enim milibus & ter mille,triplarem æquæ ac in tribus & nouem agnofcit:perinde iudicat & de harmoniis multiplicatis.

Ariſtot.phyſ.2. Boæt.4.c.2. Plutarch.de Muſica. Ratio numeroſitatis multiplicationem non reſpuit. Vox hominis genuina uix unquam ad dis dia paſon intenditur.

Verum quia natura ita comparatum eſt,ut uox hominis genuina haud temere ad Δίσ Διὰ πασῶμ,& ceu quintamdecimam chordam intendatur, ſi quis modò uoces & puerorum & adultorum in unum chorum adgregatas, & quoad illæ intendi poſſint deprimicg,diligenter fecũ expendat, illud obſeruabit, noſtrates Muſicos, fidibus illis adiectis, ad uigeſimum uocis gradum uſcg progreſſos, non adeo perperam feciſſe,ſed & ad τρίσ Διὰ πασῶμ, & uigeſimumſecundum gradum, chorum eorum procedere potuiſſe, ſenſu nec quicquam eatenus reclamante,imò rationis integritate illum ad hoc ſuffultiente, id quod non tam mea ſententia, quàm communi omnium ſenſu & conſenſu, iamdudum receptum & comprobatum,ſole clarius eſt.

Habes utcunque fides has, & ſenſus audiendi iudicio admiſſas: quanquam no lim,ut is,cui nouos modos ſymphoniis reddere curæ eſt,eas longioribus æquo interuallis diſponat,ſed anguſtioribus quibus poteſt limitib⁹ præſtituat,id quod ad cuiuſcg uocem natiuam, & artem ipſam magis adpoſitum erit.

Macrob.2.c.1. Boæt.3.c.2.&12

Sed & horum omnium typum depictum una cum fidium quantitate ob oculos infra poſuimus,adiectis & iis,quibus Ma
crobius & Boætius ſemitonium habere
deſignant,numeris iuxta ſym
phonicam analogiam
& multiplicatis
& diminutis.

CAPVT X.
De ſymphoniarum numero & ſpeciebus
harmonica numerorum
collatione con
quiſitis.

AD ſymphoniarum ſpecies enumerandas redeo, ubi te primum illius admonitum uelim,quod eas precipuæ recenſebimus,quæ omnium noſtratum conſenſu & uſu pridem ſunt recæptæ. Quanquam antiquitas ſymphonias duntaxat quinque tradidit, tamen recentiores Muſici non modo non ex agro(ut aiunt)adlatas, uerumetiam ex dogmatis Platonicis, præſertim de mundanæ animæ cõditione & connexu uinculo rum ſupra recenſita, his quinque plures inſertas, & ineſſe probè didicerunt & aſſignarunt.

Antiquitas ſymphonias tantum quinque tradidit.

Deinde

Deinde notabis & hoc, quòd illæ symphoniæ quinque, præter græcas adpellationes, quibus antiquitas eas donauerat, latine nouata uocabula iuxtà terminorum numerū, quibus interualla, aut uerius toni, semitoniaq́ʒ eas metientes di-
sponūtur, imposita, utcunque recens adiectæ, usu tamen obtinuerunt. Nam
(ut supra indicatum est) Διὰ πασῶν octaua dicta est. Διὰ πέντε quinta, Διὰ τεσσάρων
quarta, Διὰ πασῶν cum Διὰ πέντε, duodecima, Δὶς Διὰ πασῶν decimaquinta, &
sic de aliis.

Symphoniæ præter græcas adpellationes habent latine nouata uocabula.

Iam ueró & illud obserues, symphonias bifariam diuidi, partim enim perfectæ
sunt, partim imperfectæ.

Perfectæ sunt, quæ huiusmodi constant proportionibus, quales ex compara-
tione harmonicæ habitudinis enascuntur. Ea uerò comparatio nunc inter maximum & minimum terminos, & ceu numerorum summas est, cuiusmodi contingit
in genere multiplici, nunc inter maximum & medium, nunc inter medium & minimum, id quod fit interim in multiplici, interim in superparticulari genere.

Supra cap. 6.

Consonantiæ perfectæ quæ.

Quo uero hæc clarius intelligas, exempli causa hos numeros quinq́ʒ propono.
Primum. 24. Secundum. 16. Tertium. 12. Quartum. 8. & Quintum. 6. Quorum
primus ad tertium comparatus harmonicè, maximus est, econtra tertius ad primum harmonicè minimus.

Nam ut se habet primus ad tertium, ita habet se differentia primi & secundi,
quæ est octo, ad differentiam secundi & tertii, scilicet quatuor, nimirum in dupla
proportione, qua constat Διὰ πασῶν. Idem est si tertium ad quintum compares:
non idem fit, reliquos alium ad alium referendo, Sed & primus ad secundum harmonicè medium, est in sesquialtera, qua Διὰ πέντε constat. Secundus autem ad
tertium in sesquitertia, qua Διὰ τεσσάρων fit. Item primus ad quartum habet se
in tripla, qua Διὰ πασῶν cum Διὰ πέντε, ad quintum uerò habet se in quadrupla,
qua Δὶς Διὰ πασῶν generatur.

Hinc uidere licet, quam ob causam antiquitas consonantias duntaxat quinque agnouerit, nempè quia præter paucas illas multiplices & superparticulares,
proportiones alioqui nullas admisit, neque uocem intendi, nec eam intensam eo,
quo nunc modo, auditu plene percipi posse animaduerttit, forte nondum adsue-
ta huiusmodi moris intra chorum accipiendi pueros.

Consonantiæ perfectæ sex sunt.

His quinque adnumeratur è sextupla nascens proportione Δὶς Διὰ πασῶν cū
Διὰ πέντε, quæ decimanona dicitur, quo tandem pacto sex numero consonantiæ
perfectæ consistunt.

Imperfectæ totidē sunt, nimirū tertia, sexta, decima, tredecima, septimadecima,
& uigesima. Quæ singulæ singulatim geminatæ, aut maiores, aut minores secun-
dū toni aut semitonii, uel ipsi tono, uel illi Διὰ πέντε adcessionem denominantur.
Eæ sunt illæ partes, quæ inter duplos & triplos, & ob id etiā inter hemiolios, ex
multiplicatione, uinculorum uice, iuxta Platonis sententiam supra recensitam,
insertæ sunt, ut binæ medietates singula spacia conligarent hoc est, binis aut ternis terminis harmoniacè dispositis, una imperfecta inserta, & arithmeticè uel
duplicata uel dimidiata, alia sanè ad hanc, uel dupla, uel subdupla, sed perfecta,

Consonantiæ imperfectæ quæ

Plat. in Timæo & supra cap. 7.

MVSICA

ad illas ueró priores perfectas relata, imperfecta nasceretur. Exemplum habes, si dispositis fidibus παρυπάτησ μεσῶρ, τρίτησ διεζευγμένωρ, & τρίτησ ὑπερβολαίωρ, inseueris ipsam μέσηρ, adposita illi νήτησ ὑπερβολαίωρ fide.

De consonantia rum enumeratione.

Illas iā obiter enumerabim⁹, pportionibus paucis pro instituti ratione in transcursu utcunq; demóstratis. Nā si quis diligens speculator huiusmodi ad umbilicū nosse desyderet, is iuxta disciplinas Mathematicas, pœnitius hæc inquirat, nos minutias duntaxat hic proponimus.

Tertia itaque maior, aliàs ditonus, duobus tonis constat. Talis est habitudo lineæ. C t. ad lineam. E t. aut horum proportio numerorum. 648. & 512. quorum differentia est numerus .136. hunc ter, illum quater metiens, sed numero .104. utrobique superante, quo fit, ut nec proportio sesquiquarta, maior enim est: nec sesquitertia, quia minor est, neq; ulla alia superparticularis sit inter illos. Sed sexagesimaquarta pars de numero. 512. est octonarius, qui deciessepties illi additus, facit numerum. 648. Eiusmodi est proportio inter eos numeros, nempè superpartiens decem & septem sexagesimasquartas. Talis est proportio lineæ. F t. ad lineam. a t. ac numeri. 486. ad numerum. 384. Item eadem est & proportio numeri. 324. ad numerum. 256.

Tertia minor, aliás semiditonus, tono & semitonio constat. Ea est habitudo lineæ. A t. ad lineam. C t. cuiusmodi est & proportio inter hos numeros. 768. & 648. horum differentia est numerus. 120. hunc quinquies, illum ueró sexies metiens utrobiq; numero. 48. exundáte: unde inter eos supparticularis nulla fit. Sed illius numeri, uigesimaseptima pars est numerus. 24. hunc si quinquies addideris ad numerum ipsum. 648. excrescet numerus ille. 768. Et talis est proportio semiditoni, superpartiens scilicet quinq; uigesimaseptimas. Eiusmodi est proportio lineæ E t. ad lineam. G t. & numeri. 512. ad numerū. 432. Talis est linearum. a t. &. c t. & numerorum. 384. &. 324.

Sexta maior, est tonus cum διὰ πέντε. Constat ut linea. C t. ad lineam. a t. aut numerus. 648. ad numerum. 384. Eorum differentia est numerus. 264. non habens cum minori communem, ipsos quidem metientem, præter numerum. 24. sed maior numerus minorem semel, una cum sextadecima eius parte, numero scilicet. 24. undecies illi superaddita continet. Ea est proportio superpartiens undecim sextasdecimas. Tales sunt proportiones inter lineas. Γ t. &. E t. & numeros 864. &. 512. Item inter numeros. 486. &. 288. Item inter numeros. 432. &. 256.

Sexta minor, est semitonium cum διὰ πέντε, habens se ut linea. A t. ad lineam. F t. aut numerus. 768. ad numerum. 486. Quorum differentia est numerus, 282. Quum igitur iisdem non sit numerus communis, præter senarium, ipsos metiens. Inde nec multiplex neq; superparticularis enasci poterit, sed maior numerus minorem semel, insuper & senarium, primam & octogesimam eius partem quadragiessepties continet. Tales sunt proportiones linearum. E t. &. c t. Item numerorum. 512. δ'. 324. Item linearum. a t. &. f t. Et numerorum. 384. &. 243.

Decima maior, διὰ πασῶν est cum ditono, habensse ut linea. C t. ad lineam, aut numerus. 648. ad numerum. 256. ubi maior minorem bis quidem continet, sed supcrest sed superest differentia, numerus. 136. qui minoris non partem, sed decem & septem partes habet. Octonarius enim eius trigesimasecunda pars est, quem ille maior ultrà multiplicé duplarem decies septies continet. Ea proportione sunt habitudines linearum. F t.&. aa t.& feré aliæ quotcunq̃ similium terminorum.

Decima minor, est διὰ πασῶν cum semiditono, cuiusmodi est linea. A t. ad lineam. c t. Aut numerus. 768. ad numerū. 324. ubi maior minoré bis continet, differentia superante, numero. 120. qui etsi minoré bis metiat, supersunt tamē. 84. Verum duodenari⁹ uigesiesseptimes minoré illum, ultra duplaré metit, qué ipsa differentia, numerus. 120. decies continet. Est igitur huiusmodi proportio dupla superpartiens decem uigesimasseptimas.

Tredecima maior, est διὰ πασῶν cū tono & διὰ πέντε, cui⁹modi est linea. Γ t. ad linā, e t .& numer⁹. 864 ad numerū. 256. Illorum maior minoré ter continet, differentia superante in numero. 96. minoré frustrà metiente, & huius octaua pars est numerus. 32. qui & differentiá ter metitur. Est ergo illic proportio tripla superpartiens tres octauas. Ad hunc modum habet linea. C t. ad aa t.& numerus. 648. ad numerum. 192.

Tredecima minor, est διὰ πασῶν cum semitonio & διὰ πέντε. Huiusmodi est linea. A t. ad lineam. f t. & numerus. 768. ad numerū. 243. Quorū maior minoré ter continet, differentia in numero. 39. superante, sed nequaquam minoré emetiente, quin potius minoris prima & octogesima pars est ternarius, differentiá tredecies p mensus. Est ergò hæc pportio tripla primā & octogesimā tredecies superpartiens.

Septimadecima maior, est δὶς διὰ πασῶν cum ditono, cuiusmodi est linea. C t. ad lineá. ee t. & numerus. 648. ad numerū. 128. ubi maior minorem quinquies comprehendit, octonario uelut differentia superante, qui & minoris nimirū sextadecima pars est, quare hoc loci proportio est quintupla sesquisextadecima, cuiusmodi fermè sunt & reliquæ huius symphoniæ proportiones.

Septimadecima minor, est δὶς διὰ πασῶν cum semiditono, uelut est linea. A t. ad lineam cc t. & numerus, 768. ad numerū. 162. ubi maior minoré quater continet, superante numero. 120. Qui quum senariū, minoris quidem septimā & uigesimam parté uigesies complectatur, pronunciare libuit proportionem quadruplam superpartientem uiginti uigesimasseptimas.

Vigesima maior, quæ δὶς διὰ πασῶν est cum tono & διὰ πέντε, habet ut linea. Γ t, ad lineá. ee t. aut numerus. 864. ad numerum. 128. Quorū maior minorem sexies continet, superante numero. 96. In minore uerò numerum hunc. 32. quater inuenies, quem in superante ter habebis: quare hoc loci proportio est sextupla tres quartas superpartiens.

Vigesimam minoré, etsi Musica instrumenta reddant, ad amussim, tamé inter nostras fides locū nō habet, nisi ex Musica (ut aiūt) ficta. Adfingam⁹ igit lineæ. bb t.& numero. 182. $\frac{1}{2}$. numerum in sesquitertia proportionabilem scilicet. 136. $\frac{11}{10}$. ciuus tertia est numerus. 45. $\frac{91}{6}$. quo illi addito excrescit numerus ille. 182. $\frac{1}{2}$. inter hos itaq̃ numeros, maiorem scilicet & minorem, enascitur proportio sesquitertia. Vbi ergò minoré. 126. $\frac{11}{10}$. ad maiorem. 864. retuleris, inuenies ipsum sexies

à maiore

MVSICA

à maiore contineri, superante numero. 43.$\frac{18}{16}$, qui illius minoris, quasi, sed nõ prorsus, tertia pars est. Talis est ergò huius ｐportio symphoniæ, qualis est habitudo huiusmodi numerorum. 864. & .136.$\frac{11}{16}$.

Cæterum uelim hasce uigesimas, ab eo, qui in ædendarum cantionũ palestram descensurus est, rariuscule usurpari. Quod si omnino uitare nequeas, tum id maxime uocum & modorum numerositate uarietateq̃ accitus, & ceu adactus facias.

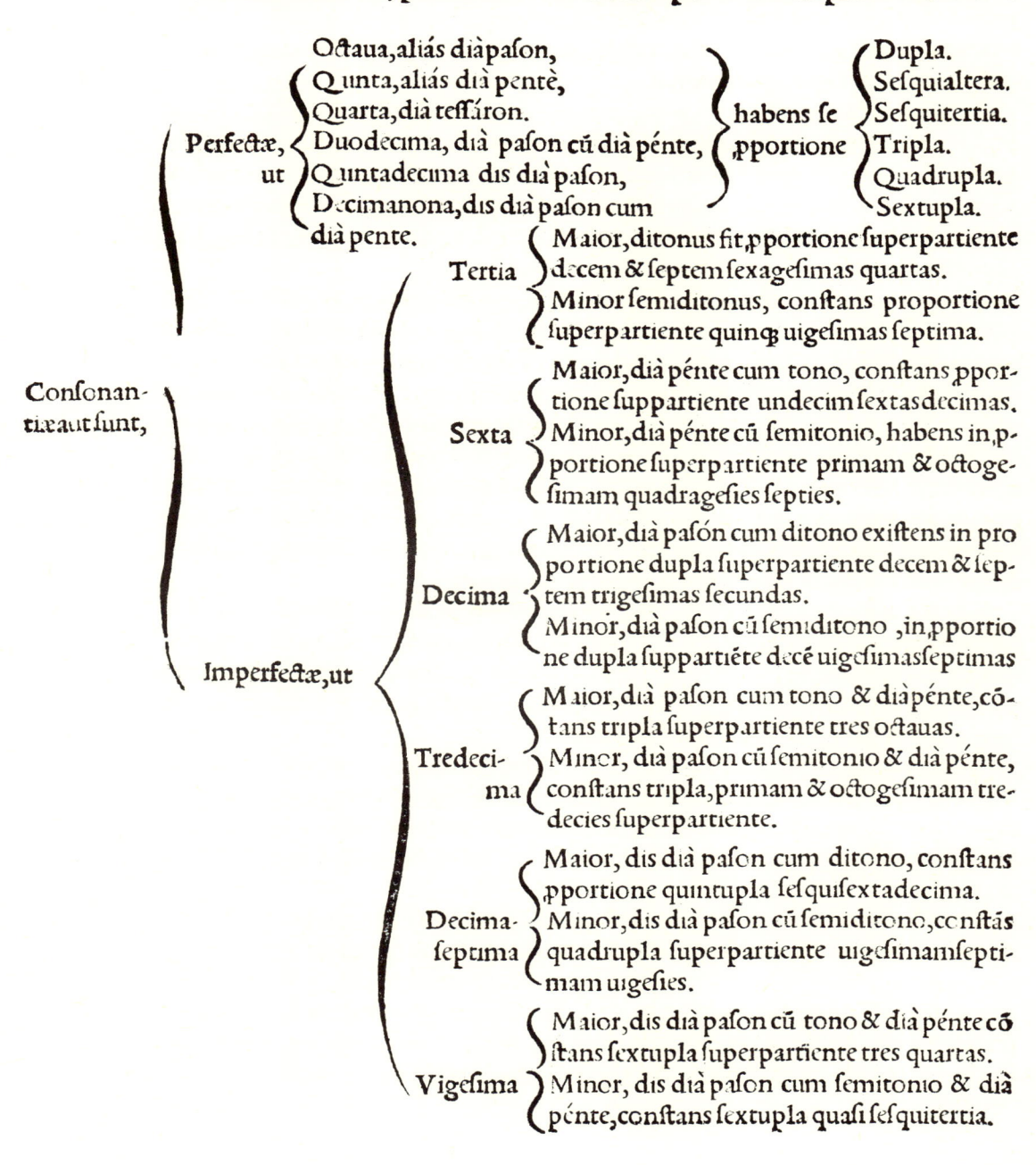

Sed omniũ horũ typũ à radicibꝰ cõsonátiarũ pueris contemplandũ subiicimꝰ.

Consonantiæ aut sunt,
- Perfectæ, ut
  - Octaua, aliás diàpason,
  - Quinta, aliás dià pentè,
  - Quarta, dià tessáron.
  - Duodecima, dià pason cũ dià pénte,
  - Quintadecima dis dià pason,
  - Decimanona, dis dià pason cum dià pente.

  habens se ｐportione
  - Dupla.
  - Sesquialtera.
  - Sesquitertia.
  - Tripla.
  - Quadrupla.
  - Sextupla.

- Imperfectæ, ut
  - Tertia
    - Maior, ditonus fit, ｐportione superpartiente decem & septem sexagesimas quartas.
    - Minor semiditonus, constans proportione superpartiente quinq̃ uigesimas septima.
  - Sexta
    - Maior, dià pénte cum tono, constans ｐportione suppartiente undecim sextasdecimas.
    - Minor, dià pénte cũ semitonio, habens in ｐportione superpartiente primam & octogesimam quadragesies septies.
  - Decima
    - Maior, dià pasón cum ditono existens in proportione dupla superpartiente decem & septem trigesimas secundas.
    - Minor, dià pason cũ semiditono, in ｐportione dupla suppartiéte decẽ uigesimasseptimas
  - Tredecima
    - Maior, dià pason cum tono & diàpénte, cõtans tripla superpartiente tres octauas.
    - Minor, dià pason cũ semitonio & dià pénte, constans tripla, primam & octogesimam tredecies superpartiente.
  - Decimaseptima
    - Maior, dis dià pason cum ditono, constans ｐportione quintupla sesquisextadecima.
    - Minor, dis dià pason cũ semiditono, constás quadrupla superpartiente uigesimamseptimam uigesies.
  - Vigesima
    - Maior, dis dià pason cũ tono & dià pénte cõstans sextupla superpartiente tres quartas.
    - Minor, dis dià pason cum semitonio & dià pénte, constans sextupla quasi sesquitertia.

IO. FROSCHII.
CAPVT XI.
De monochordi & fidium descriptione cum numeroru̅ adplitatione uaria, ob oculos ponenda.

NVNC præstandum est, quod non semel iam de fidibus harmonicis, de diuisione monochordi, & id genus aliis supra promisimus, eorum nempè, quæ ibi proferebant, typum nos ob oculos præstituros, id quod hoc modo ceu factum accipias.

Primum subiecta est oculis linea effigiem chordæ referens, quæ iuxta rationem harmonica̅, modo supra descripto diuisa, punctis ipsi⁹ sectionis, literis subinde adsignatis, lineisq́; exinde ductis, fidium quantitaté in longitudine demonstrat, hac præmonitione facta, ut in supputando ac diuidédo chordam, circino à puncto.t digrediaris.

<small>Chordæ diuisæ adiiciuntur literæ in punctis diuisionis.</small>

Deinde adiecti sunt huiusmodi literis numeri, secundum eorum analogiam numerorum & aucti & minuti, quorum proportioné semitonium habere ueterum testimoniis proditum est. In numeris enim non est inuenire minores his tribus, præcipue numero.64. qui ab octonario in seipsum ducto nat⁹ est. Deinde.72.&.81. qui duas sesquioctauas continuas æderent. Sed neq̃ tum prior sesquitertium, cuiusmodi proportione Διὰ τεσσάρων fit, in unitatibus habere potest, quin singuli ternario multiplicentur. Hoc enim facto, singuli prædicti, singulos hos numeros.192.216. 264.& 256 procreabunt: quos ob hanc inter cæteras uel unam causam tetrachordo ὑπερβολαίων adaptauim⁹, ne uel minoru̅ numeroru̅ in minutas redigéda tenuitas, uel maioru̅ adcumulata ṗfunditas, insuetos forte nouicioru̅ animos obtunderet.

<small>Literis adiiciuntur numeri.</small>

Proinde principio disponitur numerus. A.768. cuius dimidium est.a.384. unde fit proportio dupla: sed numerus ille.a. dimidiatus reliquit numerum.aa.192. ad numerum.a.in dupla, ad. A. uerò in quadrupla habentem.

Deinde adiicitur numerus. E.512.ad. A. numeru̅ sesquialter, & ad.a. sesquiterti⁹ cui⁹ dimidiu̅ numer⁹.e.256. ad A.intripla est, numer⁹ uerò ee.128. eo est in sextupla.

Ad hæc disponit̃ numerus.♮..341.⅓.ad. E. sesquialter, cuius dimidiu̅.♮♮.170.⅔. ad.E. in tripla est, sed ad.B.682.⅔. sesquialteru̅ ad.E. scilicet est in quadrupla.

Iam uerò adiicitur numerus. G.432.ad.a, sesquioctauus, hui⁹ dimidiu̅ fit.g.216. id si additum illi fuerit, excrescet. C.648. ad eundem in sesquialtera consistens. Quòd si.C. dimidiaueris, superat.c.324. qui etiam dimidiatus efficit.cc.162. quoru̅ hic in quadrupla, ille in dupla est ad. C. numerum. Cæteru̅ disponitur numerus.F 486.ad.c. sesquialter, cuius dimidiu̅ fit numerus.f.243. habens ad.e.256. perinde ac se.nitonium.

Super hæc adiicitur numerus.D.576.ad.a. numerum sesquialter, cuius dimidi est.d.288. quod ipsi toti additum efficit. Γ.864. sesquialterum ad.D.

Numerus uerò.dd.144.ad.D. quadruplus, fit ad. Γ. sextuplus.

Tandem iungitur numerus. b.729. ad. F. sesquialter, cuius dimidium. b.364. ⅓. est ad.F. in sesquitertia. Sed.bb.182.⅔. est ad.b.729. in quadrupla proportone.

Hæc numerorum adplicatio est ad dextram ipsius chordæ.

Porrò

MVSICA

Consonantiæ chordæ inscriptæ.

Porrò ad illius leuam est cernere singulas consonantias è singulis suis terminis, ductis hinc inde circuli portionibus, coalescere.

His quoq; accedunt dextrorsum inscripta ueterum chordarum nomina, iuxta lineas, quarum unaquæque suam indicans chordam definit.

Duplex numerus neruis inscriptus. Tetrachordum Mercurii.

Iam neruis huiusmodi duplex numerorum ordo inscriptus est. Superior numerus in primis quatuor digitis, primos neruos, ac tetrachordum illud Mercurii indicat, instar nempè mundanæ Musicæ dià pasòn, dià pénte, dià tessáron ac tonum continens. Deinde ostendit quoto quæque post illud tetrachordum adiecta sit ordine. Inuentorum autem earundem ob instituti breuitatem nullā facit mentionē.

Inferior numerus constantem omnium chordarum utcunq; inuentarum dispositionem & ordinem demonstrat.

Recentiorum chordæ non habent numeros. Quinque tetrachorda inscripta Tetrachorda omnia decem & septem.

Quæ autem à recentioribus additæ sunt fides nullum numerum nec in hoc nec in illo habent ordine, discriminis causa adiectum.

Demum adnotata sunt & quinque huius generis diatonici tetrachorda, in quibus troporum ac rationis canendi sedes, & ceu loci sunt communes. Quòd si quis totam hanc modulationis constitutionē pœnitius inspiciat, inueniet præter ea, quæ ficta præbet Musica, tetrachorda decem & septem, pentachorda sexdecim.   Sed nunc sublata manu de
tabula succedet typus ipse
omnium pri-
mus.

Sequitur tabula.

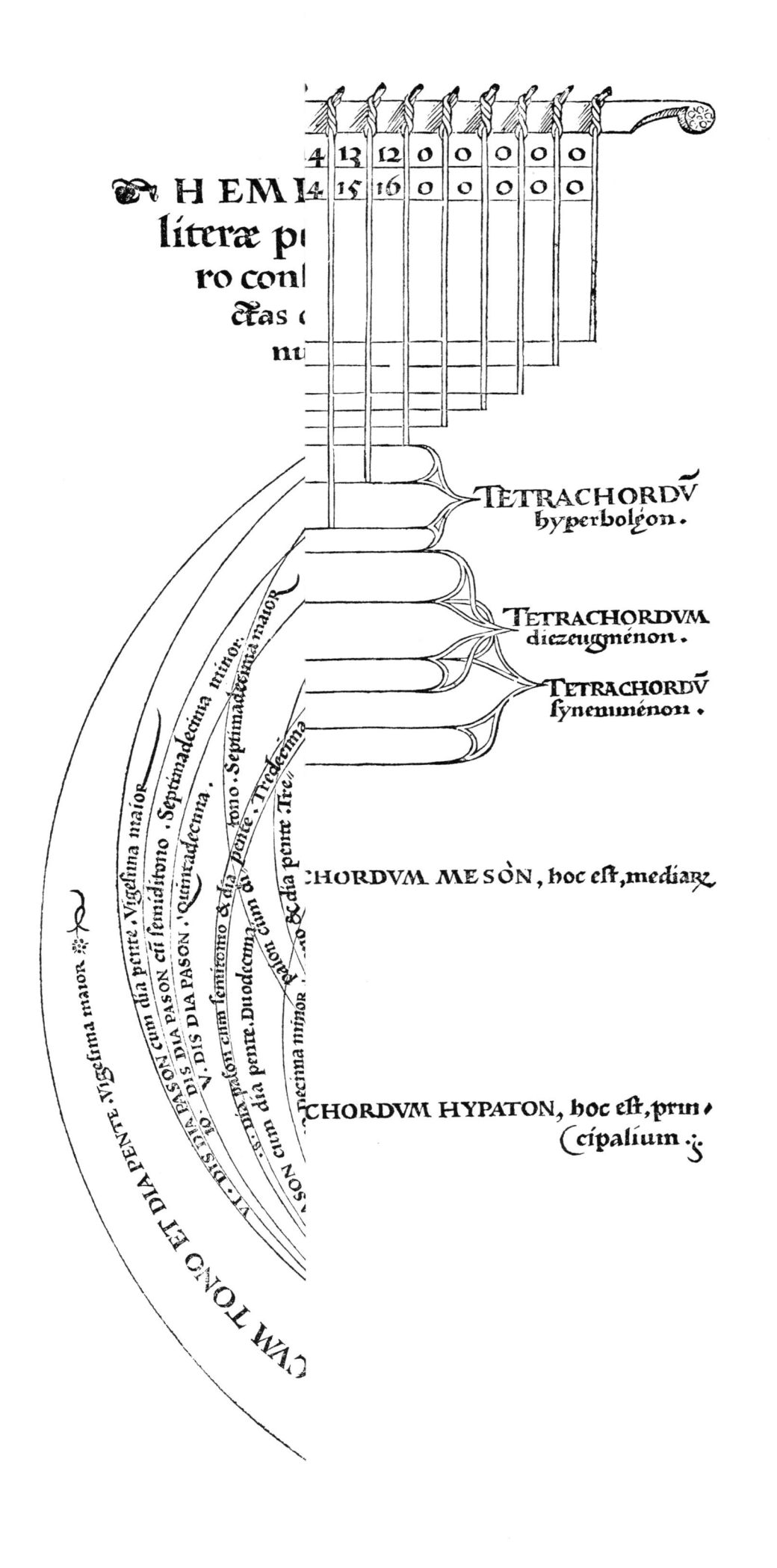

TETRACHORDŪ hyperbolęon.

TETRACHORDVM diezeugménon.

TETRACHORDŪ synemménon.

CHORDVM MESON, hoc est, mediarᷓ

CHORDVM HYPATON, hoc est, prin⸗
(cipalium .⁊.

IO. FROSCHII.
CAPVT XII.
De tribus Melodiæ generibus, & eorum partiali monochordi descriptione

VETERES plerique tria melodiæ genera commemorant, diato nicum, chromaticum, & enarmonicum, quorum tertium ac medium ab usu recessit, primũ uerò diatonicũ, per tetrachorda tono, ac tono, semi tonióq̧ cõtexta p̃cedens, (id quod naturalius, & Platonis de mũdana Musica doctrinæ magis adpositum est) in usu permansit, atq̧ hodie permanet. Quanquam multa de his adserentẽ neq̧ Musicæ recens tyrunculus capiet neq̧ huius negocii breuitas admittet, quatenus demonstrare par erat. Quia uero huius quidpiam nos adlaturos promisimus, monochordi portionem quandam, p̃ nostra tenuitate diuidendã adsumpsimus, adplicatis iuxta Boetii disciplinam numeris, quos minores acciri ratio non ferebat

Melodiæ genera tria,
Macro. 2. c. 4.
Boet. 1. c. 15. 23.

Ex monochordo igitur diatonico prius diuiso, sume lineam. a t. eamq̧ ad iustã & operationi cõgruã longitudinem intensam, in duo æqualia diuide in pũcto. aa.

Rursum eandem duabus sectionibus in tria æqualia diuide in punctis. e. &. ee. iamdudum in descripto monochordo cognitis.

Erunt ergo. aa. Nète hyperbolǣõ, &. e. Nète diezeugmenon, ædentes alia ad aliam dià tessáron in sesquitertia, & diatonicos, & chromaticos, & enarmonicos. Porró. a. fiet μέσ̓η habens ad. aa. dià pason in dupla, & ad. e. dià pénte in sesquialtera.

Monochordi portio dumtaxat per tria genera diuiditur.

Diuisio in tetrachordo hyperboleon.

Mox accipe octauã lineæ, aa t. quam illi subdas in puncto. g. ut fiat linea. g t Erit igitur. g. paranéte hyperbolæon diatonicos, habens ad. aa. tonũ in sesquioctaua.

Deinde sume distantiam, quæ est inter illas Néten. aa. & paranéten. g. nimirum octauam. aa t. & eam arithmeticos in duo æqualia diuidas, ita, ut eius dimidiũ fiat néte hyperboleõ pars sextadecima. Hanc ergo sextamdecimã ad paranéten diatonicam. g. subiice in puncto. K. & fiet. K. paranéte hyperbolæon chromatica.

Quòd si octauam de. g t. desumptam illi subiicias in puncto. f. procedet linea. f t habens se itidem ad. g t. in sesquioctaua, tonum sonando, uelut antehac in superiore monochordo. Hec. f. & diatonicos & chromaticos triten hyperbolæon, enarmonicos uerò paranéten hyperbolæon constituet.

Tandem diuide distantiam inter. f. &. e. in duo æqualia in pũcto. l. huiusmodi æqualia erunt duo nostris semitonii dimidia & ceu binæ diæses. Sed. l. erit enarmonicos trite hyperboleon.

Diuisio in tetrachordo diezeugmenon.

Hactenus diuisum est tetrachordũ hyperbolæon in tribus melodiæ generibus. Nunc ad tetrachordum diezeugmenõ diuidendum procedamus. Vbi primum illud præmonendum est, quoniam hoc tetrachordum etiam dià tessáron constat, lineam. e t. diuidédam esse in tres partes æquales, earum unam ad. e. subiicias in pũcto. ♮. unde fient. e. Nète diezeugmenõ, &. ♮. paramése & diatonicos & chromaticos & enarmonicos, alia ad aliam dià tessáron in sesquitertia sonantes.

C

MVSICA

Preterea octauam lineæ. e t. defumptam illi fubdas in puncto. d. & erit. d. paranéte diezeugménon diatonicos, ædens tonum.

Deindè dimidium diftantiæ inter. e. & . d. acceptum, ad. d. ipfam paranéten diezeugménon diatonicum fubiice in puncto. n. & erit. n. paranéte diezeugmenon chromatica.

Ad hæc defumpta octaua lineæ. d t. & ipfi. d. fubiecta in puncto. c. triten diezeugmenon efficiet, tonum refonando & diatonice & chromatice. At enarmonice erit paranéte diezeugménon. Sed & diftantiã inter. c. & ♮. femitonium edenté, in duo æqualia diuide in puncto. m. & dabit. m. trité diazeugméno enarmonicã.

Diuifio in tetrachordo fynēmenon. Habes hoc pacto tetrachordum diezeugmenon in hifce tribus generibus defcriptum. Nũc tetrachordum fynéménon perluftremus. In quo iam ad manum funt, in primis, &. d. paranéte dudum diezegumenon, nóc ueró nétes fynéménon locũ obtinens, &. a. ipfa méfe, alia ad aliam dià teffaron, & hoc tetrachordũ fynéménõ diatonicos, chormaticos, & enarmonicos continentes & conftituentes.

Tum quoq in promptu eft. c. quæ modo trite diazeugménon erat, nũc paranéten fynéménon diatonicam conftituit.

Quod fupereft, fume dimidium diftantiæ inter. d. &. c. quod fubiicias ad. c. in puncto, p. & fiet. p. paranéte fynéménon chromatica.

Deinde fumas octauam de. c t. eamq illi adiicias in puncto. b. erit ergo. b. trite fynéménon, & diatonicos, & chromaticos: enarmonice ueró paranéte fynéménõ.

Iam age diuidas diftantiã inter. b. triten hanc &. a. méfen illam in duo æqualia in puncto. o. & erit. o. trite fynéménon enarmonicos.

Hæc omnia fi bene operatus fueris, habes hucufq tria tetrachorda, nempè hyperbolæon, diezeugmenon, & fynéménon in tribus generibus diatonico fcilicet, chromatico, & enarmonico, circino diuifa. Quibus admodum præfcriptum difpofitis, iam & numeros literis ipfis adplicemus.

Numerorum adplicatio diuifioni in tetrachordo hyperboleon Prætereafit. aa. néte hyperboleõ, fcilicet numerus. 2304. ad quem fubiiciatur. a. méfe. 4608. duplus. Medius inter hos conlocetur. e. 3072. fefquialter ad hũc, ad illum ueró fefquitertius.

Deinde fumatur numeri. aa. pars octaua, nimirum. 288. & adiiciatur ipfi numero. aa. & excrefce fefquioctauus numerus. g. 2592. habens ad. aa. tonum. Quod fi prælibatæ octauæ. 288. fcilicet dimidium, quod eft numer9. 144. numero illi. g. addideris, fiet numerus. K. 2736. paranéte nimirum hyperboléon chromatica.

Iam ueró fi acceperis numeri. g. octauam, nempe. 324. eamq illi adieceris, fiet numerus. f. 2916. refonans ad. g. tonum, fed ad. e. femitonium.

Porrò numerorum. f. & e. differentia eft. 156. cuius dimidium, nempè. 78. fi numero. f. addideris, proueniet numerus. l. 2994. enarmonicos trite hyperbolæon & ad. f., & ad. e. diefim utrinq conftituens.

Numerorum adplicatio in tetrachordo diezeugmenon. Trium itaq generum fides per hoc tetrachordum numeris adplicatis perluftrauimus. Nunc per diezeugmenon tetrachordum eodem modo tranfeamus. In quo Nétes diezeugméno locũ obtinet numerus. e. 3072. fupra recenfitus, cuius tertia numerus fcilicet. 1024. ipfi adiecta procreat numerũ ♮. 4096. fefquitertium, dià

teffaron

IO. FROSCHII.

teſſaron ac limitem huius tetrachordi præſtituentem.

Tum numeri, e, pars octaua, que eſt. 384. ipſi adiecta facit numerū, d, 3456. ſesquioctauum ad, e, Verum ipſius octauæ dimidium numerus nempe. 192. numero illi. d. adiunctum efficit numerū. n. 3648. huiuſmodi eſt paranete diezeugmenon chromatica.

Numeri quoq;. d. pars octaua, que eſt. 432, ipſi. d. numero adiecta efficit numerum. c. 3888. qui ad. d. tonum, ſed ad. ♮. ſemitonium ædit, quod ſi ſuum ipſius diſtantie inter· c. &. ♮. que eſt. 208. dimidium putà numerum. 104. numero, c. addideris, fiet numerus. m. 3992. enarmonicam triten diezeugmenon cōſtituens, dieſim & ad, c. & ad. ♮. numerus referens.

Habes numeros per tetrachordum diezeugmenon in tribus generibus adplicatos, iam ad tetrachordum ſynémenon tranſeamus. Vbi numerus, d. 3456. ſupra dictus locum Netes ſynémenon per tria genera obtinens, ad. a. meſen. 4608. dià teſſaron, limitemq; huius tetrachordi conſtituit. *Numerorum adplicatio in tetrachordo ſynēmenon.*

Porro numerus. c. ad. d. numerū ſesquioctauus eſt, & paranete ſynémenon diatonica, amborum differentia eſt. 432. Cuius dimidium nempe numerus. 216. numero. c, additum facit numerum. p. 4104. cuiuſmodi eſt paranete ſynémenon chromatica.

Preterea nūero. c. ſua ipſius octaua, nempe. 4.86. ablata, & eidem toti addita facit numerū. b· 4374. ad. c, tonum, ad. a. uero ſemitoniū habenté. Proinde differentia inter. b. &. a. eſt numerus. 234. cuius dimidiū, uidelicet. 117. numero. b. adiectum efficit numerum. o, 4491. qui triten, ſynémenon enarmonice conſtituit, utrinque utranque dieſim faciens.

Verum de his plus ſatis, Nam qui cætera tetrachorda hunc admodum perſtringere uolet, exemplum habet ab hac deſcriptione deſumendū, quam ob oculis arbitror ſubiectam eſſe potius, quam ſilentio præteritam, tantum ne omnino ignota ſunt hæc melodie genera. *Totum monochordum diuiſurus habet hic exemplar.*

Hinc etiā uidere licet quam ob cauſam hæc duo genera chromaticū ſcilicet ac enarmoncū ab uſu canendi defæcerint, nempe quia utrunque genus uocū differētias aliquantas ratióe tenus perpendit, alterū quidē minores, alterum uero ab harmonia alieniores, quā ut eas iudicium auris uel cōprehendere, uel ratio adprobare queat. Ideoque neutrū ab omni parte, ſecundū harmoniæ analogiā, uel perfectum eſt, uel abſolutum, Chromaticum utpotæ ſemitonium minoré harmonice, ac toni dimidiū ab harmoniæ ratione diuerſum complectens, ſed enarmonicum ut quod duos tonos harmonice, ſed ſemitonii noſtratis dimidiū aliter quam harmonica ratione deſumptum cōtineat, Quo fit, ut quamuis ratio tales proportiones, tonorū ſcilicet, ac ſemitoniorum dimidia, cōſyderet, tamen ob id nō adſtipuletur illi ſenſus, quod eas nō certo atq; euidenter percipit, Vnde nec iudiciū harmonicū rationis & ſenſus concordia procedens neq; colligi, neq; dictari poteſt, cuiuſmodi. *Melodie genera duo cur reiecta.*

Muſica partim ratione, partim ſenſu conſtans expoſtulat,
Sed hæc minutiarum uice de generibus canendi delibaſſe ſufficiat·
Nunc ſequitur chorde portio, ad modum præſcriptum diuiſa. *Ariſtoteles phiſic· 2.*

IN GE NE RE

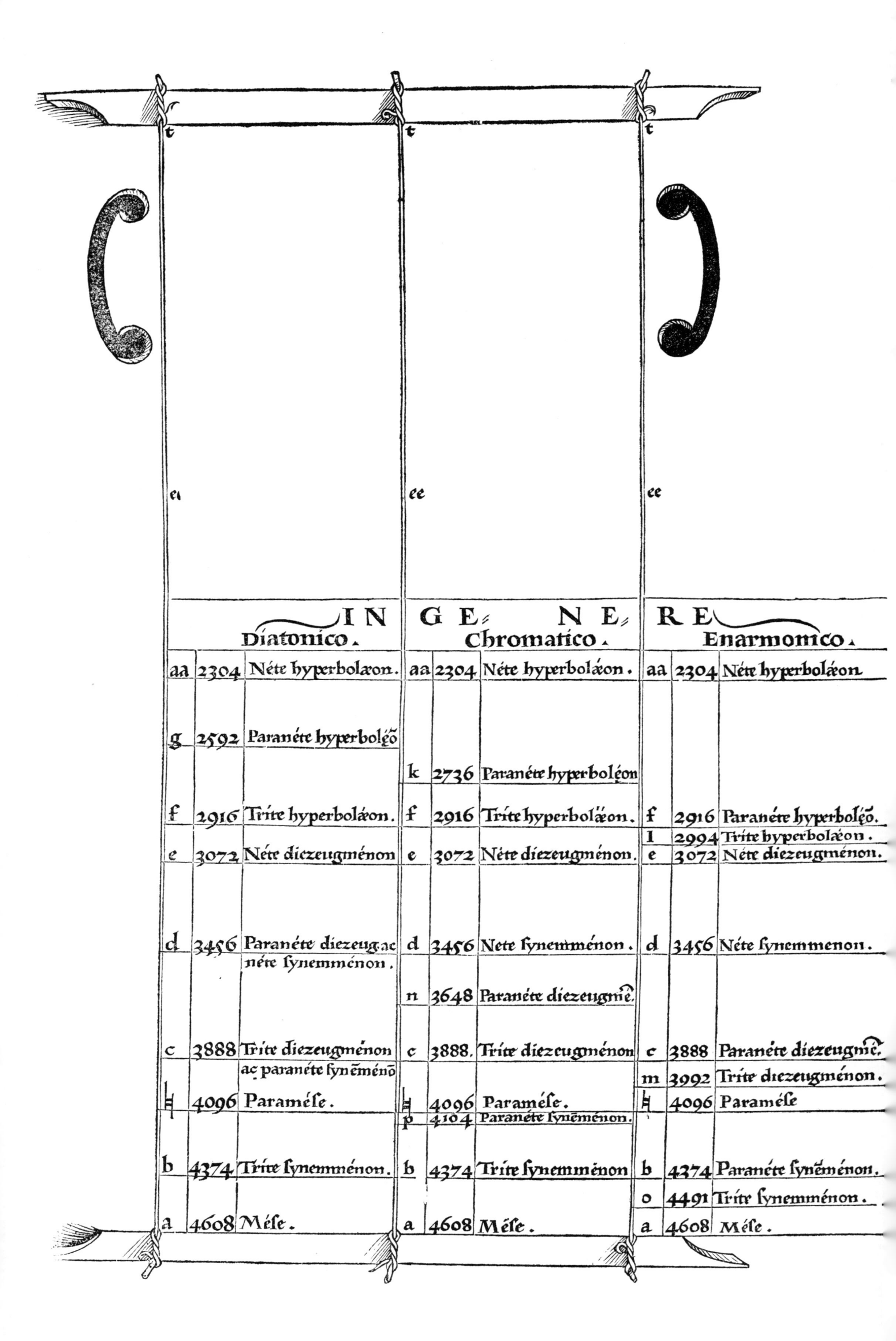

		Diatonico.			Chromatico.			Enarmonico.
aa	2304	Néte hyperbolæon.	aa	2304	Néte hyperbolæon.	aa	2304	Néte hyperbolæon
g	2592	Paranéte hyperboléŏ						
			k	2736	Paranéte hyperboléon			
f	2916	Trite hyperbolæon.	f	2916	Trite hyperbolæon.	f	2916	Paranéte hyperboléŏ.
						l	2994	Trite hyperbolæon.
e	3072	Néte diezeugménon	e	3072	Néte diezeugménon.	e	3072	Néte diezeugménon.
d	3456	Paranéte diezeug. ac néte synemménon.	d	3456	Nete synemménon.	d	3456	Néte synemménon
			n	3648	Paranéte diezeugmē.			
c	3888	Trite diezeugménon ac paranéte synēménŏ	c	3888	Trite diezeugménon	c	3888	Paranéte diezeugmē.
						m	3992	Trite diezeugménon.
♮	4096	Paraméſe.	♮	4096	Paraméſe.	♮	4096	Paraméſe
			p	4104	Paranéte synēménon.			
b	4374	Trite synemménon.	b	4374	Trite synemménon	b	4374	Paranéte synēménon.
						o	4491	Trite synemménon
a	4608	Méſe.	a	4608	Méſe.	a	4608	Méſe.

IO. FROSCHII.
CAPVT XIII. Quædam theoremata
è collatione harmonica demonstranda obiter
proponuntur.

SI QVIS, modo diligens lector, hæc minutula utcũqʒ parcè, plata, secũ ipse sæpius pensitauerit, cõpluscula Musicorũ, uulgo quidé iactata, sed breuiter ascite dicta, eáqʒ nõ sine arcano harmonico, iniisdem iueniet, aut iam explicata, aut impendio facile explicanda: qualia non nulla tibi hoc loci adducenda censuimꝰ, quousqʒ reliquos Autores possis adire.

Solet aũt non sine ueterũ autoritate plerũqʒ iactari, diá tessáron & diá pente, cõsonãtiã diá pasõ constituere, id qd' & alias ad hũc modũ effertur: Primos õm supparticulares duos coniũctos, primã multiplicẽ ꝓportioné efficere. Qd' quidéuerũ esse cõprobatur. Nã sesquialtero & sesquitertio, duobꝰ scilicet supparticulariũ primis medio termino utrisqʒ cõmuni cõiũctis, primꝰ terminꝰ ad tertiũ, hoc est maximꝰ ad minimũ, in dupla, multipliciũ prima proportione habebit diá pasõ sonante.

Quod si multiplicẽ primũ, népè duplũ supparticulariũ prio, sesqʒaltero scz addideris, secundꝰ multiplex, triplus nimirũ enascetur, diá pasõ cũ diá pente sonans.

Cui si secundũ supparticularé, uidelicet sesqʒtertiũ adieceris, quadruplus, tertius in quã, multiplex, ꝑcedet, dis diá pasõ resonás, cuiusmodi oĩa in numeris uidétur.

Idcirco sũmopere notandũ erit, in primis diá pasõ omniũ optimã & ceu perfectissimã consonantiã esse. Mox diá pente, ꝑindè altera illarum semp in grauioré partem disponatur. Deindè diá pasõ cũ diá pente superne aut diá tessáron. Quæ ratio consonantias conlocandi ut optima Nicomacho apud Boetium uidetur, ita Musicæ scientissimus quisque illam hodie obseruat.

Hoc quoque constat, omne tetrachordum in sesquitertia diá tessáron, & omne pentachordum in sesquialtera diá pente habere.

Iam ueró per Musicorũ compita consuetũ est & illud iactari, Tonũ in duo æqualia diuidi non posse. Quod ex eo maxime constat, quia nulla supparticularis habitudo, integro numero, in æquales integritates diuidi potest. Nullus eñ terminus supparticularé ita dimidiare potest, ut quã ille ꝓportioné tenet ad maximũ, eandé habeat & ad minmũ. Qd' supputati õnino occurret quo fit, ut tonus in æqlia diuidi (non possit.

Quanquã autẽ ex eo quod tonus æquis ꝓportionibus partiri nequit, necessum est bina toni dimidia, semitonia inæqualia fieri, nostrũ tamen semitoniũ, quo utimur in genere diatonico, nõ solum eatenus minus adpelletur, quatenus nec tonus æquis ꝓportionibus diuiditur, sed quũ ita ratiõe harmonica, & ceu ipsa natura comparatũ est, ut diá tessáron in sesquitertia, diá pente ueró in sesquialtera ꝓportione habeat, tum sublatis à diá tessáron duabus sesquioctauis continuis, hoc est duobus tonis, id quod supest, semitonii minoris habeat ꝓportiõe. Idem est, quod tribus à diá pente sublatis sesquioctauis aut tonis remanet.

Consequitur ergo diá tessáron duobus tonis & semitonio, At diá pente tribus tonis semitonioqʒ minori constare, perindè ac in superiori diatonici monochordi descriptione, sicut & sequenti uidere licet.

Dia tessaron et Dia pente coniuncte Dia pason faciunt. Macrob. 1. c, 6. Boet. 2. c. 11, 24. et 27. et Lib. 3. c. tertio.

Dia pason cum Dia pente

Dis dia pason.

Ratio concordantiarum.

Tonus in duo æqualia diuidi non potest.

Semitonium minus demonstratur

Dia tessaron Dia pente.

C 3

MVSICA

Porrò semitonium maius, residuū illud est, quod à trib⁹ sesquioctauis continuis, id est tribus tonis continenter dispositis, sublata dià tessáron, relinquitur, quod & Apotome dicitur. Hæc à diatonici generis modulatione quasi aliena, inter contexendi modos ideo non recipitur, quia inter fides Musicas non ubilibet locū habet, neq̃ referri potest quouis, unde uel dià tessáron uel dià pénte resonet. Nā tetrachordi synéménon apotome, ut supra uisum est, in fidibus paraméses & trites synéménon cólocata ostenditur: illa uero sola numerorum adplicatione tetrachordo die zeugménon adposita demonstratur.

Semitonium maius apotome dicitur, & quare inter canendi modos non recipitur

Ad hunc ordinē pertinet etiā illud, quod aiunt: Dià pason sex tonis minoré esse, maioré uero tonis quinq̃, quod quidem sic habere oportet. Nam quū dià pason è coniunctis dià tessáron & dià pénte fiat, & hæc tonis tribus & minori semitonio, illa uero tonis duobus & huiusmodi semitonio constet, fieri non potest, quin & dià pason tonos quinq̃, binaq̃ semitonia minora contineat. Tonos autē sex nusquam adimplet, sed ubi de sex tonis continue dispositis dià pason sustuleris, residuum relinquitur, quod à Musicis comma dicitur.

Diapason sex tonis minor, & quinque maior. Boet li. tertio.

Dia pason quinque tonis & duobus semitoniis constat.

Nunc operæprecium erit ad hæc utcunq̃ demonstranda, etiānum monochordi prioris portionem diuidere, ut hæc clarius perspici queant, huic nimirum & numeros Boetianos adaptabimus, quamuis inuiti. Timemus namq̃ lectori eos tedio forte futuros, sed quum sesquioctauas totidem continuas in minorib⁹ inuenire nō licet, eos, ut qui, ceu fato quodam impellente, uitari nequeunt, sumus adiecturi.

Boet. 2. 31.

Lineæ igit. a t. ex monochordo priore desumptæ iungatur hac scilicet læua sex numeri, à sex octoplis procreati, nempè sesquioctaui una cum suis octauis partibus ita cō parati, ut sex sesquioctauas pportiones continuas constituant, illac uero dextra alteri numeri, parti sesquioctaui priorib⁹ his à læua æquales, partim & sesquioctaui & aliarū pportionum, sed utriq̃ priorib⁹ inæquales, etià cum suis & octauis partib⁹ & differétiis, singulis in genere diatonico sic dispositis, ut iuxta priorem descriptioné perfectā dià pason cōstituant. Illa, inquā, linea. a t. primum diuidaf in duo æqualia in puncto. aa. sitq̃. a. mése. aa. uero nète hyperbolæon, ut supra.

Dictorum demonstratio per portionis monochordi sectionem & numerorum adplicationem.

Rursus diuidatur. a t. in tria æqualia in punctis. e. & ee. Quibus punctis signatis, si adiicias sequentes numeros, nempè ad. ee. dextraq̃ leuaq̃. 262144. sed ad. aa. 393216. ad. e. 524288. & ad. a. 786432. idq̃ dumtaxat dextra, habebunt & lineæ & numeri, alius ad alium, iisdem pportionibus supra indicatis, dupla nimirum, tripla, sesquialtera & sesquitertia.

Super hæc diuide lineam e t. in tria æqualia, signato inter. ee. & e. puncto. ♭♭. & huiusmodi tertiarum unam illi subiice in puncto. ♭. adplicatis utriq̃ dextra numeris. ♭♭. 349525 $\frac{8}{12}$. & ♭. 699050 $\frac{2}{3}$.

Deinde sume octauam lineæ. ee t. quam illi subdas in puncto. dd. Cui numerū è summa. ee. ac illius octaua productum sesquioctauum scilicet. 294912. & à dextris & à sinistris adiungas.

Mox octauam de linea. dd t. desumptam illi adiice in puncto. cc. adiuncto illi

dextraq̃

IO. FROSCHII.

dextraq̃ læuaq̃ sesquioctauo numero. 331776.

Porrò lineæ. cc t. octauam suamipsius subdas in puncto. p. adiecto à sinistris numero. 373248.

Tum uero lineæ. p t. octaua ipsi subiiciat̃ in puncto. o. læua nimirum adiuncto numero. 419904.

Præterea & octauam de, o t. illi ipsi adiicias in pũcto. n. addito quoq̃ à sinistra numero. 472392.

Quod si demũ octaua lineæ. n t. desumpta subiiciatur illi in pũcto. m. adplicato ad dextrã & ad læuã numero. 531441. uidebis & in lineis & in numeris sex sesquioctauas cõtinuas proportiones, sex tonos continuos ædentes constare.

Iam uero ad demonstrandã dià pason perfectã, paratum habes pentachordũ ab. ee. ad. aa. usq̃, tres tonos cum semitonio minori continés. Quod superest efficias primum ut octaua de. aa t. accæpta ipsi subiiciatur in puncto. g. addito illi dextrorsum numero. 442368.

Deinde subiicias huic. g. suamipsius octauam in puncto. f. adiuncto & à dextris & à sinistris numero. 497664.

Quibus omnibus ad hunc modum dispositis, uel puero perspicuum erit, dià pason & in chorda & in numeris nempe. e.&. ee. dupla proportione habentem, quinque tonis & duobus semitoniis minoribus consistere. Sex uero toni eam commate transcendunt, eiusmodi transcensus est differentia. 7153.

Sed nunc illud secundo sic demonstremus. In promptu sunt à puncto. ♮♮. usque ad. f. tres toni cõtinui, quibus tres alios hoc pacto cõnectas. Octauã de. f t. accceptã ipsi subiice in pũcto. l. adiuncto illi, & à dextris, & à sinistris, numero hoc. 559872.

Ad hæc subiice huic. l. suamipsius octauam in puncto. K. adiuncto à sinistris numero. 629856.

Insuper & ipsi. K. suamipsius octauã subdas, in puncto. h. addito illi & dextrorsum & sinistrorsum numero. 708588. quo sane pacto stabunt iterum sex toni continui, à puncto, ♮♮. usque ad. h. intensi.

Ad expediendam uero dià pason, in procinctu est pentachordum à puncto. ♮♮. ad. ee. usque absolutum. Sumas igitur octauam lineæ. e t. eamq̃ illi subiicias in pũcto. d. una cum numero. 589824. à dextris adplicato.

Octauam uero. d t. eidem subde in puncto. c. adiecto à dextra parte hoc numero. 663552.

Demum & octaua. c t. subiciatur ipsi in puncto. b. cum adplicatione numeri 746496. à dextris facta.

Diuisurus monochordum totum, reliquam portionẽ instar huius diuidat.

Quod si quis ad hypátas usque totum monochordum, ac plenum modulationis corpus hac ratiõe intensum atq̃ diuisum cupiat, eum oportet, ut in area ad hoc ipsum parata, lineam iustæ longitudinis, & huius operatiõis capacem ducat. Exéplar enim hoc loci habet, quod tum operando uel circino, uel conlocandis numeris sequaris. Proinde scribere de his longius opus non fuerit, quum ipse quæ prædicta sunt tanquam oculis subiecta contempleris.

Sex toni diapason commate superans.

Hinc enim uidere licet, ut sex toni continui dià pason, commate (sicut paulo ante diximus) transcendunt,

MVSICA

Comma quid Comma uero, & si perquàminutum in chorda emicat, tamē in numeris ordinis superioris sex tonorum, constituit differentiam, nempe. 7153. qua numerus. m. ab numero. e. distat.

Dia pason. quot interualla. Sed & dià pason terminis ac numeris octo, interualla septé distincta facientibus constans, tonos nimirū cōplectitur quinq̃, duoq̃ semitonia minora, id quod Vergilius nullius expers disciplinæ innuere uidetur, Orpheum describens obloquenté numeris septem discrimina uocum, & alii post eum certo adfirmant.

Dia pente & Dia tessaron. Constat equidem, dià pénte tonis tribus, & semitonio minori, dià tessàron uero tonis duob9 & semitonio minori contineri, unde fit & dià pason tonis quinq̃ semitoniisq̃ duobus, ueluti iam indicatum est, persistens.

Quid constituat Tonum & Semitonium. Tonum aūt constituunt semitonium minus & Apotome, ut supra uisum est.

Semitonium minus cōmatibus tribus maius est, minus uero quatuor. Quod tu animaduertes, ubi differentiam p̃libatam. 7153. qua cōma consistit, ternario multiplices. Nam productum exinde numerorum. f. & e. semitonium ædentium differentiam, numerum uempe. 26624. non exæquat: sed quaternario multiplicata, eum transcendit.

Nota hic, sicut hi numeri. f. & e. monochordi prioris semitonium efficiunt, ita & f. & e. hoc loci faciunt. Hi namq̃ ab illis per numerum. 2048. multiplicatis excreuerunt.

APotome maior minor Apotome uerò, quæ & semitonium maius, maior quidé est quatuor, sed minor quinq̃ commatibus, quod sic patebit, si comma, hoc est, differentiam. 7153. quaternario multiplices, productum enim differentià numerorum. e. & l. quib9 Apotome constat, numerum uidelicet. 35584. tum non attingit, sed si illam quinario multiplices, eum excedit.

Tonus maior minor Hinc est, quod & tonus octo sit commatibus maior, nouem uero minor. Nam si differentiam. 7153. octonario multiplices, productum illud numerorum. f. & l. tonum sonantium differentià, scz numerum. 62208. non æquabit, qué nouenario multiplicata transcendet.

Quod si comma, id est numerum. 7153. ipsi apotome abstuleris, iterum semitonium minus in numeris. l. & m. constans relinquitur. Nam l. numerus habet ad o. dià tessàron à qua sublatis duobus tonis, ipsum semitonium remanet.

Dieses quomodo constent. Si uerò differentiam alicuius semitonii, puta numerum, 26624. aut quemuis alium arithmeticos dimidiaris, & alterum dimidiorum minori termino, siue. f. siue alii adieceris, binæ dieses & in lineis & in numeris stabunt, ueluti supra in genere enarmonico uisum est.

Macrob. 2. ca. quarto. Atq̃ hæc satis expectationi tuæ faciant, qui præter leuicula minuta nihil à me expectas, cum neq̃ Macrobio tractatus de Musica terminum habere uideantur. Ne igitur quicquā ab omni parte perfectum hoc loci desyderes, quamuis puero hisce minutiis probe instructo, & ceu manuductione usuro, facilem ad eos, quicum disciplina grauitatem coniunxerunt Autores, accessum fore crediderim. Nam dimidia commatis schismata, & semitonii diaschismata nimirum, prudens prætereo.

Nunc typum promissum subiiciamus.

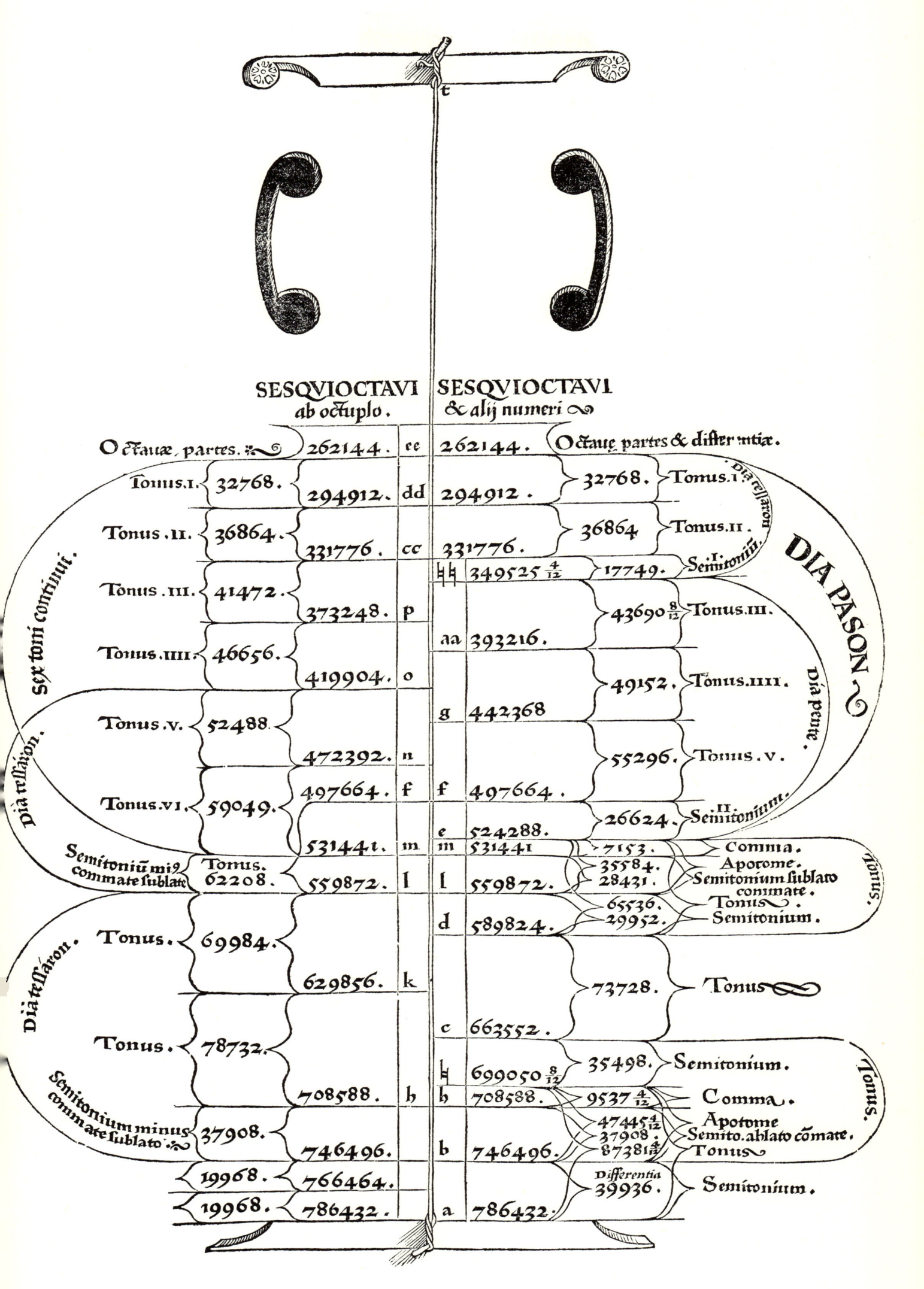

	SESQVIOCTAVI ab octuplo.		SESQVIOCTAVI & alij numeri		
Octauæ partes.	262144.	ee	262144.		Octauę partes & differentiæ.
Tonus I. 32768.	294912.	dd	294912.	32768.	Tonus I.
Tonus II. 36864.	331776.	cc	331776.	36864	Tonus II.
			349525 $\frac{4}{12}$	17749.	Semitonium I.
Tonus III. 41472.	373248.	p		43690 $\frac{8}{12}$	Tonus III.
Tonus IIII. 46656.		aa	393216.		
	419904.	o		49152.	Tonus IIII.
		g	442368		
Tonus V. 52488.	472392.	n		55296.	Tonus V.
	497664.	f	497664.		
Tonus VI. 59049.				26624.	Semitonium II.
		e	524288.		
	531441.	m	531441	7153.	Comma
Semitoniũ minus commate sublato. Tonus. 62208.	559872.	l	559872.	35584.	Apotome
				28431.	Semitonium sublato commate
				65536.	Tonus
		d	589824.	29952.	Semitonium
Tonus. 69984.					
	629856.	k		73728.	Tonus
		c	663552.		
Tonus. 78732.		♮	699050 $\frac{8}{12}$	35498.	Semitonium
	708588.	h	708588.	9537 $\frac{4}{12}$	Comma
				47445 $\frac{4}{12}$	Apotome
Semitonium minus commate sublato 37908.				37908.	Semito. ablato cõmate
	746496.	b	746496.	87381 $\frac{4}{12}$	Tonus
19968.	766464.			Differentia 39936.	Semitonium
19968.	786432.	a	786432.		

MVSICA
CAPVT XIIII.
de connectendæ cantionis
modis & tropis.

Sonornm differentias hactenus præbuimus cōtemplandas, quatenus illarum termini, alius ad alium, multigenis quidé, sed iucundis & suauibus cōsonantiis referuntur, unde relationes fiunt reales, et. ut uocant, equiparantiæ, ob id, quod sensus audiendi consonantias huiusmodi percipit permixtas ea ratione, qua sunt in eo, & quod refertur, & ad quod fit relatio. Proinde cōsonantia ex uariarum uocum concentu, uno temporis instanti, continue nascens, ratione suanitatis est in utroq̨ terminorum.

Consonantiæ in utroque termino existunt.

Cæterum hæc ad minutiarum ratione satis arbitror utcunq̨ adiecisse.

Nunc ad alias, alia ratione consyderatas differentias, transeamus, eas uidelicet, quibus connectende ac texende cantionis modi: ac diastèmata consistunt.

Modi protelandæ cantionis describuntur.

Hi tametsi constent iisdem fere proportionibus & differentiis, quibus cōsonantiæ, tamen respectus earum non habent perinde ac illarum scilicet consonantiarū.

Non statim modus est, ubi consonantia, neque consonantia ubi modus.

Non enim statim modus est, ubi fuerit consonantia, neque protinus consonantia ubi modus est. cuius termini simul non permiscentur, quos nec rationis iudicium, uno & instanti, sed successiuo temporis articulo, percipit atq̨ discernit, quin ipsi succedentes inuicé, alius alii cohærent, Id quod discretè in modo Διὰ πασῶν est cernere, ubi neuter terminorum alteri miscetur, sed dupli habitudinem hic in duplari, illic ueró in simplari termino dimidii proportionem ratio animaduertit, unde coherentiam huiusmodi harmonico modo cōparatam, & ceu concinnatam approbat. Non item fit in consonantia

Dia pason modus in uno terminorum dupli, in altero simplaris rationem habet, neque in utroque terminorum consistit.

Modus autem connectendi, etsi antiquitas dumtaxat septem intra Διὰ πασῶν comprehensos enumerarit, Posteritas tamen illis tonum cum dia pentè, itemq̨ semitonium cum dià pente adiiciens., nouem adsignauit, quos diatonici generis & usus & ratio admittit. Hi nempæ sunt tonus, semitoniū, semiditonus, ditonus, diatessaron, dià pente, tonus cum dia pentc, semitonium cum dia pente, ac dia pason, siquidem his omnis suauiter animum adficiens cantio cōtexitur Nihil igitur moramur eos, qui preter hos alios quoscunq̨ modos posuerint.

Modi connectendi sunt nouem.

Sed neq̨ grauabimur hoc loci admonere, talium modorum contextum, & constitutionem, modis item fieri compluribus, eos tropos ac tonos cōtionis antiquiores nominauit. Quo circá nostri seculi Musicis cum ueteribus cōuenit in hoc quod utriq̨ adnumerato septenis prioribus hypermysolydio (quem Ptolomeus, ut fama est, adiecit) tonos octo constituunt.

Modi contextus, quos tropos aut tono uocant, sunt octo.

Tametsi tredecim apud Aristoxenum & uolateranum toni dinumerentur, nostrates tamen Musici fælicitate temporum, quibus bone litere ab iniuria uendicatæ, in hanc sententiam adducti sunt, ut illis cū Boetio & reliquis, tonorum numerum octtonario finiuisse sufficiat.

Quanquam

IO. FROSCHII.

Quanquam uulgo tritissimum, & nemini ignotū est, tonis à gentibus, quæ iisdē delectatæ sunt, indita fuisse nomina, utpotè Dorio, Phrigio, Lydio, & Mysolydio, quorum tres priores instituerunt ii, quos Plinius libro Septimo, capite. 22. inuentores percenset. Quum uerò, & illo citante, sint Autotes, transisse ex Europa in Asiam Mysas & Phrygos, à quibus adpellati sunt Mysi, & Phriges, & Lydia eodem adtestite, pri⁹ Mæonia noiata, Phrygiæ ab exortu solis uicina sit, ad Septētrionē Mysi e coniectura est & Mæonios Mysolydos esse dictos, uelut Mysotmolitæ aut Mysomacedones dicuntur, Inde quoque Mysolydio modo nomen inditū fuisse. Tonis a gentibus nomina indita. Plin. 7. c. 22.
Plin. 5. c. 29.

His præterea quatuor tonis successu temporum subiecti sunt hypodorius, hypophrygius, & hypolydius, & hypermysolidius:

Neque me fugit, id quod Boetius tradit, omnibus quidem acutiorem esse modum, qui inscribitur hypermysolidius, omnibus uerò grauiorem, qui hypodorius: Non ausim tamen adfirmare an hic sit is, qui æuo nostro inter tonos numero secūdus est, an ille, qui modo uel septimus uel octauus est. Boet. 4. c. 15.

Verum ut ingenue dicam, aut ego ueterum designationes minime sum adsecutus, & quod humanum est, fallor: aut eæ, quæ ad nostram usque deuenerunt ætatem, eiusmodi omnino non sunt, quales illæ, sed nouatæ, ueluti pleráq3 id genus alia immutata fuerunt. Argumentum unde coniectura fit, tonorum designationes mutatas esse.

Id enim ex hoc è multis uno amnimaduertere licet, quòd non æque primi toni, qui dorius æstimatur, constitutio fit, ubi sextum, hypolydium nempè putatiuum, semitonio intenderis, neq3 statim hypophrygius, qui nobis quartus est, constituitur, ub sextum, hypolydium scilicet tono remiseris.

Proinde hi tres æqualibus connectendi modis non constant, sed habent singuli suos modos peculiares, ut infra patebit.

Vnde iam uel puero perspicuum fieri puto, non usquequaque in nostri seculi tonos quadrare, id quod ueterum literis proditum est Si quis uidelicet, troporum cōstitutiones interim tono, interim semitonio, uel intendat, uel remittat, alios & alios subinde modos constitui, quàmuis hoc ipsum non nihil adhuc antiquitatis redolet, eò quòd tonus numero tertius, hodie perindè ac olim phrygius, duriorū adfectuum incitatiuus est, Sextus uerò, quem hypolydium accipimus, adfectus leniores & ceu mitiores ciet. Locus Boetii memoratus adhuc antiqutatem redolet.

Vt igitur cuiq3 liberum relinquimus, tonis hæc prisca tribuere nomina, ita nec ipsi magnopere cum ea pugnamus opinione, quod non ipsis eadem coaptentur, modo non ignores, quod recentiores Musici secundum ordinem hactenus inuulgatum eos denominant, quo sane Dorius primus est, Cui succedit hypodorius secundus, deinde phrygius tertius, hypophrygius quartus, mox lydius quintus, & hypolydius sextus, postremo Misolydius septimus, & hypermysolidius octauus. Tonorum nomina hodie numero et ordine priscis coaptantur nominibus.

Præterea & illos bifariam diuidūt, partim náq3 sunt Autéti: ut uocāt, qui iuxta ordinem sunt ab impari denominati, partim plagales à pari denominati. Toni Autenti uel plagales sunt

Illi supra chordam, & ceu metam finalem, non solum ad quintam, siue dià pēnte, uerum etiam ad dià pason adscendendum, hi supra sedem finalem ad quintam uel sextam usq3 raro, haud sæpe ad quartam adscendunt, quam metam & in descēsu non nunquam adpræhendunt; Tonorum mete ac pomeria.

MVSICA

Tonorum connectendi modi peculiares.

Alteri metas sibi præstitutas modis maioribus siue perfectis plerũcp mediis perlustrant, accitis interim modis minoribus.

Alteri huiufmodi metas mediis minoribus, utpote femitonio, tono, ditono & femiditono percurrunt, quas quidé uix unquã & mediáte dià teffáron adtingũt.

Fides finales tonorum quatuor.

Finales aũt fides funt hæ quatuor. D. E. F. G. hoc eft lichanòs hypáton, hypáte méfon parhypáte méfon, & lichanòs méfon, quoniã in illis toni fæpiufcule quafi reqefcũt ac demũ finiũtur, in eorũ uerò tetrachordis, pẽtachordis & octochordis fua pomeria conlocant. Finiuntur enim in D. Primus & Secundus, In E. Tertius & Quartus, feruata ♮. id eft paraméfe utrobique, In F. Quintus & Sext9, paraméfe obmiffa, eiufcp loco .b. fide trites fynéménon adfumpta. In.G· Septimus & Octauus, paraméfe quocp retenta.

Adfinales tonorum tres.

Sunt preterea & adfinales, nempè. G. hoc eft lichanòs méfon, a. méfe, & ,c. trite diezeugménon. Eæ nanque tonis eafdem oleas, quas & finales præfcribũt. Proindè. G. adfumpta.b. trites fynéménon loco .♮. id eft paraméfes, primũ & fecundum tonos excipit. Idem facit & .a. méfe feruata .♮. paraméfes, loco.b. trites fynéménon Eadem.a.fcilicet paraméfe, adfumpta.b. Tertium & Quartum tonos complectitur. Infuper &.c. hoc eft trite diezeugménon, omnium prima fidium conftitutione manente, Septimum & Octauum excipit.

Fides initiariæ tonorum.

Sed hæc de finalibus, utcunq paucis, neq pluribus de initiariis agendum erit. Initiariæ fides Primi toni in finalibus conftituti, funt. C. D. E. F. & a. quæ eft méfe. Secundi toni funt. A. C. D. E. & F. Tertii funt E. F. G. & c. Quarti funt. C. D. E. F. G. & a. Quinti funt. F. G. a. & c. Sexti funt. C. F. G. & a. Septimi funt. G. a. ♮. c. & d. Octaui funt. D. E. F. G. a. & c. Ex his autem & reliquas adfinalium initiales facile perpendes.

Tenores tonorum peculiares.

Sed neq illud ignorandum eft, unicuicp tonorum fuos peculiares quofdam tenores effe, cuiufmodi funt ii, quibus decantari folent in primis pfalmi Dauidici, deinde & ii, quos pfalmos maiores uocant, qui tenores, finguli fingulas fuas fedes, & ceu initia, fupra fuasipforum, uel finales, uel adfinales, certis modis conlocatas habent, uidelicet Primus modo dià pénte, Secundus femiditono, Tertius femitonio cum dià pénte, Quartus dià teffáron, Quintus dià pénte, Sextus ditono, Septimus dià pénte, & Octauus dià teffáron. Horum formulas aliquot troporum conftitutiones utcunq referentes, infra fubnotauimus.

Adfectus quibus toni plerumque mouent.

Tametfi & hæc ipfa, quæ referimus, in præcepta digeri præfens inftitutum recufet, uelim tamen ea præceptionum uice imbibant, fidelicp memoriæ mandent pueri, ut q haud uulgare illorũ fpecimẽ olim præftituri fint, ædendo nimirũ cantiones multigenis adfectib9, interim elatis & arduis, interim humilibus, grauibus & uelut gemebundis, interim indignabundis ac infultantib9, nunc adulantibus, nunc modefte lafciuientibus, nunc mitibus, & quafi lachrimátibus, modo temerariis & audaculis, modo feftiuiter ac decenter compofitis, & id genus aliis modis auditorũ mentes permoturi.

Sequuntur tonorum

IO. EROSCHII
SEQVVNTVR TONORVM
formulæ Prædicte

Reatura dei, Adam primus homo. Christus filius dei uerus, Adam

secundus. Primo genitus ex mortuis, resurrexit tertia die. Iesus ambulabat super

mare, noctis uigilia quarta. Homines quinquies mille dominus, saciauit de quin-

que panibus. Ad imaginem suam Deus, fecit hominem die sexto. Ab uniuer-

so opere suo Deus, requieuit septimo die. Resurgente Christo contigit nobis, Dei

iusticia die octauo.

C A. X V. de notulis Musicis, lineis & spatiis earum.

Et nunc antequam de signis Musicis tractemus, patiaris me paulisper de notulis non nihil dicere quibus neglectis, consequens est, ut & ipsorum signorum finé atq; originem nescias, quin nec usus eorum, nec ratro nisi circa illas uersetur,

Tametsi uero Musici recétiores, à ueterum notularum & ordine & discretione: intercidentibus prime classis Authoribus, non sine totius rei literarie iactura nimi um uariarunt, mihi tamen coniectura fit, illos ab antiquitate hocipsum ab utrunque mutuatos esse, quod sicut ueteres per paginulas lineis erectis interpositas, no-

D

MVSICA

tulis uocum, literis nimirum græcanicis, uel utrinque refertas femitonia uel uacuas & ceu hiantes illas, tonos indicarunt fubinde, ita & Neoterici lineis iacentibus & paginulis fpaciorum inter illas adparentium, fides Muficas intelligentes, connectendi modos defignant. In lineis etenim iacentibus quinque, & earum fpatiis, præpofita fidium è fignatis una, quamlibet cantionem defcribunt.

Fides autem fignatæ antiquitus iuuente funt quatuor, nempè parhypàte méfon, trite, fynémenon, trite diezeugmenon & paranéte hyperboleon, hoc eft. F.b. c, &, g, his recens adiectæ cónumerantur, Γ, &, dd, Quarū omnium una aut altera cantioni, uti perfertur, rite hactenus obferuato præpofita, reliqua fides alternatim per lineas & fpacia diftributas, facile eft intelligere.

Nifi b. trites fynemenon fignetur femper mi canitur.

Hoc loci etiam huius oportet effe admonitos, quod nifi. b. trites fynémenon cantioni præpofita. & defignata fuerit. ♮. paranéfen femper & ubique ufurpari.

Sed & notulæ Muficæ uoces nimirum reprefentantes, quatenus fpaciis & interuallis linearum, & ratione numerorū cóftant, geometrie pars funt, fiquidem eiuf modi eft. Aulo Gelio tefte, ipfa Canonice, id eft regularis, ad aures quippe pertinens, Quæ interim fybillarum quantitates, iuncturas, & modos ad principia Geometriæ aurium menfura examinat, ac μετρικη id eft menfuraria dicitur, poetis & oratoribus obferuabilis. Interim & longitudines, & altitudines uocis emetitur.

Rithmos

Longitudines quidem perpendens, ρυθμοσ id eft modus, numerus aut ordo p e dum dicitur,

Melos

Sed altitndines confyderans, μελοσ id eft modulatio cantionis adpellatur Quamuis hæc fatis liquet etiam ex iis, quæ de fidium harmonicarum ratione, ac earum per lineas & fpacia probè perpenfa diftributione, connectendiq; modis dicta funt, illa uerò longitudinem & menfuram motus cantionis obferuans huc loci

Rithmos & Melos una & eadem notula exprimitur

referuata eft, tamen utramque una eademq; notula, fed alio & alio modo, exprimit atque defignat.

Notularum autem fpeties funt feptem, hic fcilicet fubnotate. Que fi figuris huiufmodi fingulis, & feorfim pofitis defignentur, fingula hæc infrafcripta nomina obtinebunt.

Maxima	Minima
Longa	Semiminima
Breuis	Fufa
Semibreuis	

Secus erit ubi aliæ aliis cohæferint. Vnde illud obferuandum, omnem notulā in ligatura coherentem, aut quadratā, aut obliquam defcribi. deinde uel caudatam

De notulis colligatis.

effe, uel non caudatam, Demum aut primam aut ultimam, mediam denominari Tum hoc qui fequitur typo infpecto de quauis ligatura pronuntias

Sequitur nunc figura de Ligaturis.

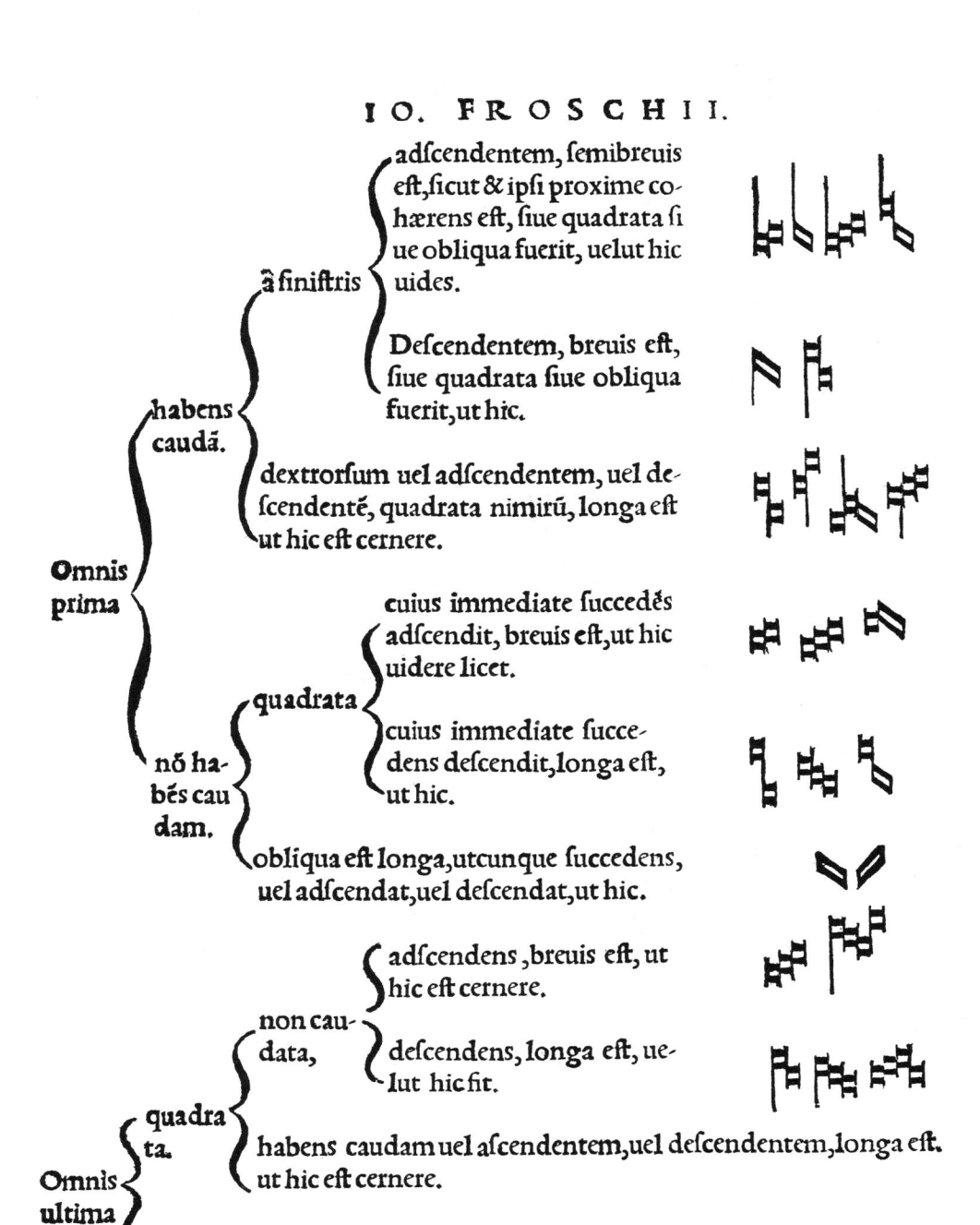

Omnis prima
- habens caudã.
  - ã siniſtris
    - adſcendentem, ſemibreuis eſt, ſicut & ipſi proxime cohærens eſt, ſiue quadrata ſiue obliqua fuerit, uelut hic uides.
    - Deſcendentem, breuis eſt, ſiue quadrata ſiue obliqua fuerit, ut hic.
  - dextrorſum uel adſcendentem, uel deſcendentẽ, quadrata nimirũ, longa eſt ut hic eſt cernere.
- nõ habẽs caudam.
  - quadrata
    - cuius immediate ſuccedẽs adſcendit, breuis eſt, ut hic uidere licet.
    - cuius immediate ſuccedens deſcendit, longa eſt, ut hic.
  - obliqua eſt longa, utcunque ſuccedens, uel adſcendat, uel deſcendat, ut hic.

Omnis ultima
- quadrata
  - non caudata,
    - adſcendens, breuis eſt, ut hic eſt cernere.
    - deſcendens, longa eſt, uelut hic fit.
  - habens caudam uel aſcendentem, uel deſcendentem, longa eſt, ut hic eſt cernere.
- obliqua, utcunque habuerit, breuis eſt.

Media cenſetur, quæcunque inter primam & ultimam in ligatura
continetur. Omnis igitur media, niſi, dextrorſum caudam habuerit, breuis eſt, præter illã, quæ
primæ ſemibreui immedia-
te ſuccedit. Hacte
nus de no-
tulis.

CAPVT XVI.
De signis & mensuris Musicis, quarum sunt signa.

Notularum mẽsura duplex.

IAM uerò signa Musica nobis auspicantibus, ad canonicen illam, uocis nempè longitudinẽ, atque cantionis mensurã (cui9 sunt hæc signa) redeundum est, ubi & illud obseruandum uenit, quòd huiusmodi mensura nostras uocum notulas bifariam emetitur. Minimam etenim & semiminimam sola dualitate taxat: nam fusa, monadis instar, indiuidua manet. Sed maximam, longam, breuem, & semibreuem, iam dualitate, iam ternario definit.

Mẽsura perfecta ternario metitur. Imperfecta binario.

Dimensio autem dualitatis imperfecta censetur. Ea uerò, quæ ternario fit, ceu quum trina corpus dimensione permensum, solidum atque perfectum dicitur, sic ipsa notulam ternis partibus æqualibus emetiens, perfecta quoque denominatur.

Mensura aut æqualis aut inæqualis.

Neque uerò ignores, quod his duab9 ꝑfectionis & impfectionis dimensionib9 positis, consequens est, & mensurã cantionis, modò æqualitatis, modo inæqualitatis ꝓportionibus deferri. Etsi de huiusmodi dicturus omnes omnium aures fortè nõ impleuero, tamen quũ de signis, ne Musicis inter se per omnia hodie conuenit, haud quisquam me notarit, si tibi meam sententiam ac rationem, qua signis interdum usus præsentibus, uel quasi per epistolam, non è centonibus connexam, indicem

Mensuræ æqualitatis tres species

Mensuræ autem æqualitatis tres sunt formæ, nempè modus, tempus, & prolatio. Hæc semibreues minimis, uel tardius, uel celerius ad tactum prolatis, examinat. Tempus semibreuibus rite dispositis, breues perpendit. Modus è breuibus longas, & ex iis maximas debite concinnatas supputat

Modus maior. Modus minor.

Modus autem non simpliciter accipitur. Est enim modus maior, maximas dimetiens. Est & modus minor, longas examinans. Vterque bifariam diuiditur.

Modus maior perfectus.

In primis est modus maior perfectus, in quo maxima tribus longis mensuratur, cuius duplex signum est.

Primum extra cantum, & ab illius initio, signum, est circulus perfectus, & completus, adposita numeri ternarii figura, sic scilicet positus. O3. Aut circulus perfectus, alium, uel perfectum, uel imperfectum circulum, tempus nimirum designantem, in se continens, sic. ◎ .uel sic. Ⓒ .Quòd si circulus interaneus, tempus designans, circulo, uel maiorem, uel minorem modum significanti, defuerit, tum quoque tempore ac prolatione imperfectis, & plerumque per diminutionem cantum ferri, apud Musicos receptum est.

Deinde in cantu, intrinsecus signum modi perfecti esse, aut trium maximarum denigrationem, aut pausam duplicem, sex occupantem spacia, cognoscas.

Modus maior imperfectus.

Præterea modus maior imperfectus est, in quo maxima duabus longis constituitur. Cuius signum est absentia figuræ ternarii numeri, circulo interea solum tempus signifiicante.

Modus minor perfectus.

Insuper est modus minor perfectus, in quo longa tribus breuibus æstimatur.

Cuius

Cuius signum externum, & ab initio cantus, est circulus perfectus, adposita numæ binarii figura, sic scilicet positus. ☉2.

Internum uerò in cantu, est trium longarum denigratio, uel pausa tria occupans spacia.

Sed & modus minor imperfectus est, in quo longa duabus breuibus absoluitur. Cuius signum est, ubi figura numeri binarii à circulo abfuerit, ipso tempus duntaxat significante. *Modus minor imperfectus.*

Temporis præterea, breues semibreuibus dimetientis, duæ sunt species. Est namque tempus perfectum, in quo breuis tribus semibreuibus æstimatur. Cuius signum externum, est circulus perfectus, sic scilicet possitus. ○. Internum uerò aut trium breuium denigratio, aut duæ semibreues unius temporis pausæ, in uno spacio coniunctim positæ. *Tempus duplex. Tempus perfectum.*

Est quoque tempus imperfectum, in quo breuis duabus semibreuibus constat. Cuius signum est circulus imperfectus ante cantionem sic positus. C.

Nunc de prolatione cognituros illius admonitos uelim cuiuis cantioni suũ esse modum, suum tempus, & suam prolationem. A`proferendo autem dicta est prolatio, quia minimis iuxta ipsam, uel tardius, uel celerius, per diminutioné, aut aliàs ad tactum, ictumue mésuræ prolatis, primum semibreues, deinde breues, longas, & maximas, ac tandem tempora & modos distinguit, ac rationem huiusmodi metiendi, certamq; illarum quantitatem præscribit. *Quæuis cantio habet modum, tempus, & prolationem.*

Prolationis autē duo sunt genera. Primũ est prolatio pfecta, in qua semibreuis tribus minimis constituitur. Pleriq; hanc & maiorem uocant prolationem. Signum illius externũ, est punctũ in medio circuli perfecti, uel imperfecti positũ, sic scilicet. ⊙. uel sic. ℂ. Internum uerò, denigratio trium semibreuium, aut duæ minimæ pausæ in una prolatione & uno spacio coniunctim positæ. *Prolatio duplex est. Prolatio perfecta.*

Hæc prolatio non recipit diminutionem, alioqui iam non esset prolatio, sed potius proportio, nempè tripla, aut sesquialtera, quamuis utraque fit circa illam, non diminutione, sed inæqualitatis proportione. *Prolatio perfecta non recipit diminutionm*

Alterum genus est prolatio imperfecta, in qua semibreuis duabus minimis absoluitur. Cuius signum est absentia puncti in circulo, sic. ○. uel sic. C. posito. *Prolatio imperfecta.*

Hæc rursus in duas species diuiditur. Est enim prolatio imperfecta maior, in qua semibreuis tardiusculè profertur, id quod plerumq; fit ad unum tactum, qua ratione demum breui, longæ ac maximæ, suæ longitudinis mensuræ constabunt, Huius signum est erectæ lineæ à circulo perfecto, uel imperfecto, absentia, sic. ○. uel sic. C. posito. *Prolatio imperfecta maior.*

Est quoque prolatio imperfecta minor, in qua semibreuis celerius, & ceu per diminutionem, nempè ad dimidium ictus profertur. Cuius signum est erectæ lineæ tractus, medius per circulum perfectum, uel imperfectum, sic. ⊕. uel sic. ₵. didutus. Aut signum temporis imperfecti, ac prolationis imperfectæ, sic scilicet. ↄ. iniuersum. *Prolatio imperfecta minor.*

Hæc de signis longitudinis, æqualitatis proportione consyderatæ sunt dicta, quæ lucidioris adspectus causa typo descripta subiecimus.

D 3

IO. FROSCHII.

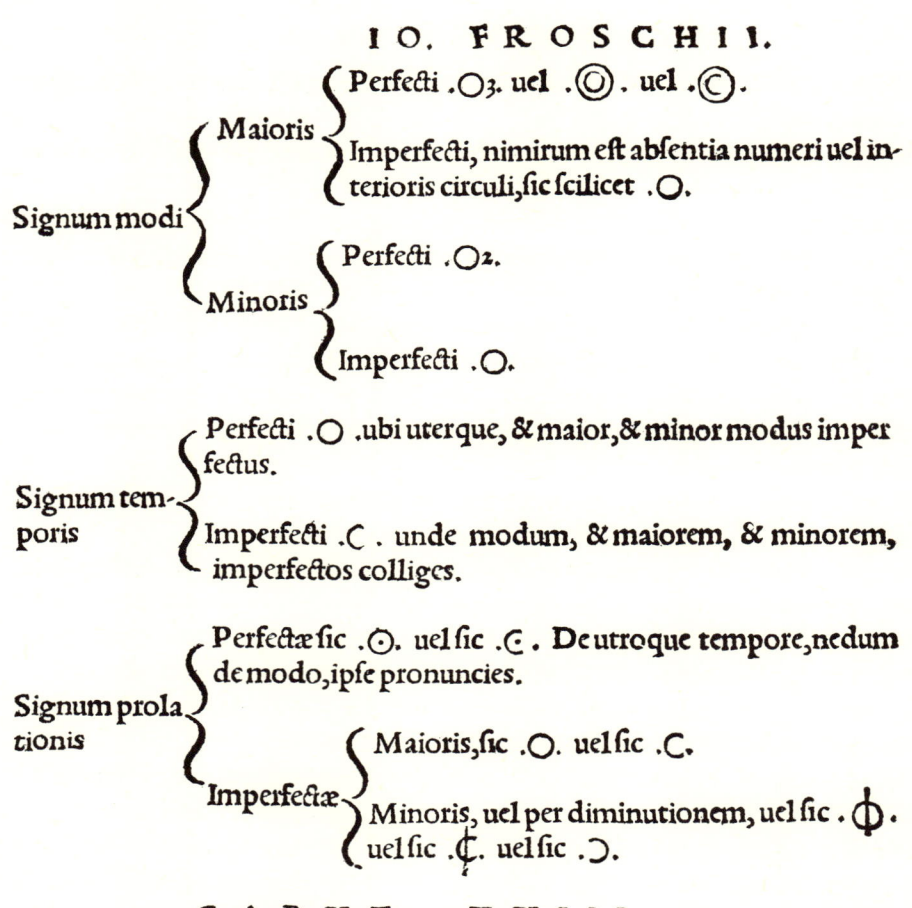

Signum modi
- Maioris
  - Perfecti .O₃. uel .⊙. uel .ⓒ.
  - Imperfecti, nimirum est absentia numeri uel interioris circuli, sic scilicet .O.
- Minoris
  - Perfecti .O₂.
  - Imperfecti .O.

Signum temporis
- Perfecti .O. ubi uterque, & maior, & minor modus imperfectus.
- Imperfecti .C. unde modum, & maiorem, & minorem, imperfectos colliges.

Signum prolationis
- Perfectæ sic .⊙. uel sic .ℂ. De utroque tempore, nedum de modo, ipse pronuncies.
- Imperfectæ
  - Maioris, sic .O. uel sic .C.
  - Minoris, uel per diminutionem, uel sic .ϕ. uel sic .₵. uel sic .⊃.

CAPVT XVIII.
De signis proportionum inæqualitatis.

POSTEAquàm de mensura æqualitatis proportione, plata diximus, reliquũ est, ut simili breuitate eam, quæ inæqualitatis proportione, pfertur, perstringamus, atq ut id præstemus, quædam eorum repetemus, quæ supra in medium sunt adlata.

Primum oportet meminisse sex tantum (autore Macrobio) numeros esse, qui musicam conficiant, nempè duplum, sesquialterum, triplum, sesquitertium, quadruplum, & sesquioctauum, quorum postremus quidé, in numero solidarum symphoniarum non est.

Deinde quòd sicut sesquioctauus solidam symphoniam non conficit, ita nec mensuram inæqualitatis proportione in longitudine habentem præbet, quam sensus audiendi certo uel adprehendere, uel Geometrica ratione iudicare possit. Neque enim qualibet proportione mensura constat, uel quæq symphonia nascitur, quia nõ eadem est proportionalitas Geometrica, quæ Musica.

Proinde longitudinem unius notulæ, ad longitudinem aliarum duarũ, trium uel qua-

Mensura non qualibet proportione, qua consonantia constat.

uel quatuor, aut etiam duarum ad trium, uel trium ad quatuor, inter se comparatam, auris quidem facilè iuxta temporis uel prolationis tactum examinat, ac rationi diiudicandam & explorandam aduertit, id quod in sesquioctaua ob uelocitatem, & incertitudinem differentiæ, facere non potest, præter imaginariam animaduersionem.

Proportiones igitur inæqualitatis, quibus mensura Musica constat, quinque sunt, uidelicet dupla, tripla, quadrupla, sesquialtera, & sesquitertia. Generis multiplicis sunt priores tres, sed generis superparticularis posteriores duæ, triplæ proportioni oppositæ. *Proportiones in mensura tantum quinque.*

Dupla & quadrupla in solo ferè tépore imperfecto constituuntur, idque prolatione imperfecta, hic scilicet in uno signo, & ceu uocum ordine, ipsa prolatione maiore, illic uerò in altero signo, minore existente. Qua sane constitutione non raro dupla fit, absque numerorum adsignatione. Sed quadrupla nunquam non præsignatis numeris inuenitur. *De proportione dupla, & quadrupla.*

Et ut planius dicamus. Proportio dupla hoc loci est, quum in tempore imperfecto prolatione minori & imperfecta, duæ semibreues, aut earum ualor, unius semibreuis mensuræ respondent. Hæc si maiore prolatione pronuncietur, non erit illis duplo habentibus, necesse numerum adsignare. Proinde huiusmodi proportio nonnunquã in tempore perfecto fit, & inter minimas denigratas, absque numerorum adsignatione. Quòd si utrobiq̃, tempore scilicet imperfecto, maior prolatio fuerit, signo illius ordinis, cuius notulæ duplari habitudine constare debent, numerus binarius adiiciat̃, sic scilicet .C 2. uel melius unitate subiecta sic .C $\frac{2}{1}$.

Quadrupla est, quum in tempore imperfecto, & prolatione imperfecta quidé, sed maiore, semibreues quatuor, semibreuis unius mensuræ respondent. Cuius signum, est numeri quaternarii ad ipsius temporis signum adiectio, unitate illi subposita, sic scilicet .C $\frac{4}{1}$.

Quisquis modo rem ipsam pœnitius intueatur, inueniet has duas, duplam nimirum & quadruplam proportiones notularum esse imaginarias uerius quàm Geometricas siue mensurarias. Nam eusmodi mensuræ ac motus inæqulitatem, & differentiam auris quàm exiguam, aut potius nullam percipit, id quod pro meo quidem captu, sed pace aliorum dixerim. *Proportiones dupla & quadrupla, imaginariæ uerius quam Geometricæ sunt.*

Tres reliquæ proportiones, etsi nõ sunt eiusdé generis, tamen earũ habitudines & mensuræ ita constitutæ sunt, ut quæ sint continuæ, aliaq̃ inuicé alii respondeat.

Iã & multiplicitatis ab unitate manãtis augméta, supparticularitatis à binario incipientis diminutioni, authore Boëtio, respondent. Porrò quũ non possit esse duplum præter dimidium, nec triplum præter tertiã partem, hinc est, ut ternarius, qui ad unitaté comparat^9, primus tripl^9 est, ad binariũ fit prim^9 quoq̃ sesquialter, & quaternari^9, qui primus quadrupl^9, fit primus sesquitertius. Itaq̃ triplus sesquialtero, & quadruplus sesquitercio rite opponitur. Differentias auté, qua proportiones huiusmodi differunt, nempè unitaté & binariũ, auris Geometrica ratióe ad tactum potest explorare, non item alias aliarum proportionum differentias. *De reliquis tribus mensuræ proportionibus Boët. 2. c. 5. Boët. 2. c. 20.*

Tripla igitur proportio est, ubi tres semibreues uni semibreui, aut tres minime *Proportio tripla.*

D 4

MVSICA

uni minimæ in mensura & longitudine respondent. Vtrūque in tempore, tum perfecto, tum inperfecto, sed hoc posterius in prolatione feré maiori, illud ueró prius in minori contingit. Signum ♁ 3. huius proportionis, est numerus ternarius habens unitatem subpositam, sic. ♀ 1. uel sic. ₵ 3/1.

Proportio sesquialtera. Sesquialtera triplæ respondens, est ubi tres semibreues, duarum semibreuium, aut tres minimæ, duarum minimarum longitudini proferendo comparantur. Vtrumque in utroque fit tempore, sed hoc in prolatione maiori, illud autem in minori. Signum huius, est numerus ternarius, habens binarium sibi subpositum, sic. ♁ 3/2. uel sic, ₵ 3/2.

Iam licet absque numeris & utraque illarum proportionū cognoscere, idq̨ int[9] in cantu, denigratione nimirū breuium, aut semibreuiū, modo trium, modo plurium, nonnunquam notularū cunctarū. Deinde binis pausis, nunc semibreuibus unius temporis, nunc minimis unius prolationis, in uno spacioconiunctim positis.

Hoc loci palam quoque fit, parum quadrare, id quod à plerisq̨ iactatur, nempè prolationem esse maiorem illic, ubi tres minimæ, aut unius, aut duarum minimarum, longitudini respondent: quamuis enim in prolatione maiori huiusmodi obueniat, tamen eátenus prolatio nec maior est, neque perfecta, sed uerius proportio, uel tripla, uel sesquialtera.

Proportio sesquitertia. Proportio sesquitertia, est ubi quatuor unius uocum ordinis semibreues, aut minimæ, trium alterius uocū ordinis, siue semibreuiū, siue minimarū longitudini respondent: id quod in tempore imperfecto & prolatione imperfecta, sed maiori duntaxat obuenit, Cuius signa sunt alternis ordinibus sic posita. C 8/3. C 3/8.

Hactenus de proportionibus mensurarum, & earundem signis, quorum typum quoque more hactenus obseruato adiecimus.

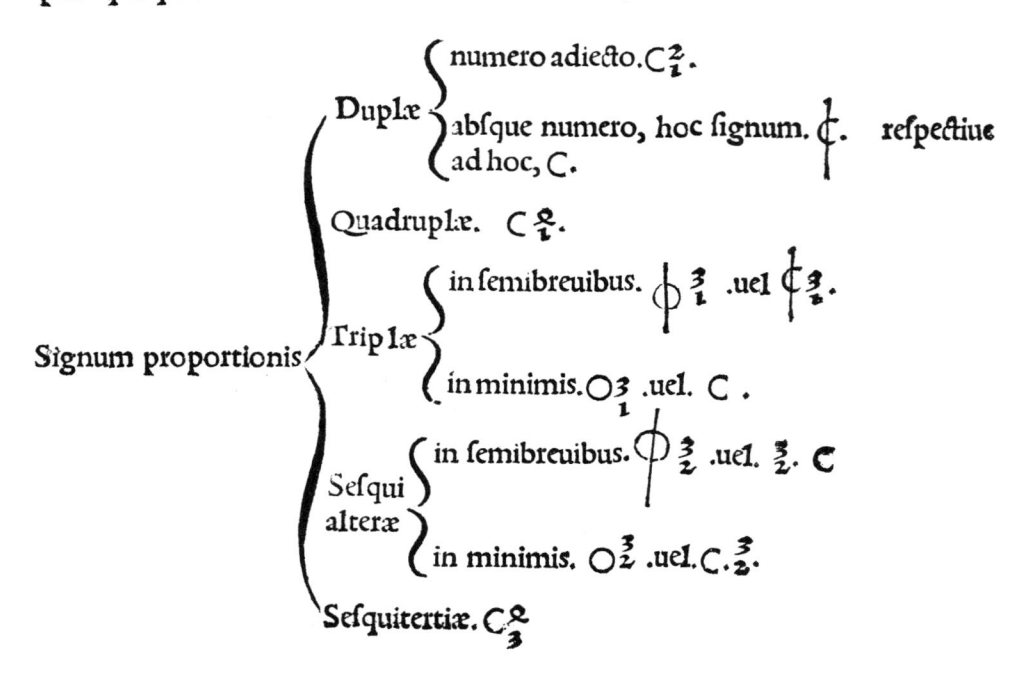

Signum proportionis
- Duplæ
  - numero adiecto. C 2/1.
  - absque numero, hoc signum. ₵. respectiue ad hoc, C.
- Quadruplæ. C 4/1.
- Triplæ
  - in semibreuibus. ♁ 3/1 .uel ₵ 3/1.
  - in minimis. ○ 3/1 .uel. C.
- Sesqui alteræ
  - in semibreuibus. ♁ 3/2 .uel. 3/2. C
  - in minimis. ○ 3/2 .uel. C. 3/2.
- Sesquitertiæ. C 4/3

IO. FROSCHII,
CAPVT XVIII.
De punctis & pausis, ac tum de perfectione, &
imperfectione, & alteratione
notularum.

QVID signa possint in notulas expositum est. Nunc quid illas perfectas aut imperfectas reddat accipito. Sed antequàm illud præstemus, operæprecium fuerit, cum de punctis, tum de pausis, quibus ut frequenter alterum eorum euenit, non nihil prælibare.

Punctū autē hoc loci trifariā diuidit̄. Aliud enim est punctū diuisionis, modos quippe, tēpora, & prolationes distinguens, atq; diuidens, & alterationē impediens. *Punctum triplex diuisionis alterationis perfectionis.*

Aliud est alterationis, ut quod notulā alteratam, id est, ualore duplo auctā designet: utrūque in signis dumtaxat perfectis ponitur, sed neutrum canitur.

Tertium est perfectionis, quod & additionis dicitur, siquidem notulæ, cui additur, alioquin imperfectæ, suumipsius dimidium addit, eamq; ueluti perficit, & canendo exprimitur.

Cæternm pausa, taciturnitas est, longitudine ac mensura temporis, quo reticemus emensa. Est enim silentii modus pausa, perinde ac rythmos uocis. *De pausis. Pausa quid. Pausa silentii modus.*

Vnde primum obserues, pausam omnium omnia linearum occupantē spacia, generalē dici, & pprie pausam nō esse, cuiusmodi signari solet in fine cantionum.

Deinde notandum illud, quod tot breues quæque pausa ualet, quot integra spacia complet, ut si tria spacia contineat, tres breues facit, id quod fit, & in maiore, & in minore modo, sed utroque perfecto: si duo spacia, duas breues, singula siquidem spacia obtinentes, singulis breuibus æstimantur.

Pausa uerò spacii dimidium obtinens, si deorsum spectauerit semibreuem æquabit, si sursum adscenderit, minimam æquiparat. Quod si dextrorsum uncinum habuerit, semiminimam ualebit.

His præmissis de imperfectione dispiciamus, illud præcipuum admonentes, quòd notula perfecta, hoc est ternario dimensa, uel per notulam, uel per pausam, se minorem, modo sequentem, modo antecedentē, imperfecta redditur, ac suaipsius tertia parte diminuitur. *De imperfectione notarum.*

Quod quidem planius, & ad hunc modum efferendum est, quoties in modo maiori perfecto, duæ longæ inter duas maximas, uel in modo minori perfecto, duæ breues inter duas longas, uel in tempore perfecto, duæ semibreues inter duas breues, uel in prolatione perfecta, duæ minimæ inter duas semibreues, conlocantur, puncto diuisionis inter duas inclusas mediante, toties prior includens, per priorem interclusam se sequentem, & posterior includentium, per secundam sese præcedentem inclusam, imperficitur, ac demum distinguente puncto, cum imperficiente sese notula, mensuram perfectam adimplet.

Quòd si punctum diuisionis nō illic mediarit, utraque includentiū perfecta censetur, & secunda interclusa alteratur, hoc est seipsam ualore bis referet, punctoq; ue niet alterationis notanda,

Idem fiet

Idem fiet, si loco prioris inclusarum, pausam eius ualoris conloces. Alteratur enim notula, manetq; includens utraque perfecta, nisi pausam sequatur punctum alterationem impediens.

Sed si loco posterioris inclusæ, pausa locetur, prior includens, per notulam se sequentem, & posterior per pausam præcedentem imperficitur. Non enim recipit pausa, neque alterationem, neque imperfectionem.

Item si omnes, & includentes, & inclusæ denigrentur, id est perinde atq; si punctum, ut dictum est, mediaret,

Vbi uerò tres inclusæ unius speciei, inter duas eiusmodi includentes, sine puncto diuisionis inseruntur, utraque includentium perfecta manet.

Sed si post primam inclusam diuisionis punctum ponitur, prior includentium imperficitur, tertia uerò inclusarum alteratur, posteriore includentium perfecta manente.

Si uero post secundam inclusam punctum ponitur, prima includentium erit perfecta, secunda uerò inclusarum alterabitur, sed ultima includentium, per præcedentem inclusam imperficietur.

Iam uerò, ubi plures tribus, inclusæ fuerint, perfectionis rationem ita habeas, & obserues, ut modum à modo, tempus à tempore, & prolationem à prolatione, singillatim, & ceu per articulos, uel punctis, uel clausulis, opportune distinguas

Tandem & huius te uelim admonitum, uoce includentium, notulas ipsas perfectas, ac ternario emetitas. At nomine inclusarum eas, quibus ter sumptis huiusmodi notulæ perfectæ absoluuntur, significare me uoluisse. Alioqui notula perfecta, per sese minorem è uestigio succedentem, uel notulam, uel pausam, solitario, & seorsum positam, imperficitur, ac suæipsius tertiæ partis diminutionem accipit.

Porrò quum in tempore perfecto notulam breuem, duæ semibreues pausæ, in uno spacio coniunctim positæ, aut in prolatione perfecta notulam semibreuem, duæ minimæ pausæ consimiliter coniunctim locatæ, immediate sequuntur, huiusmodi, uel breuis, uel semibreuis notula, perfecta manebit, pausis aliorsum, siue in tempus, siue in prolationem utcunque segregatis.

Super hæc & notula perfecta per denigrationem imperficitur, ac tertiæ partis diminutionem recipit.

In tempore quoque imperfecto, & prolatione imperfecta, breuis ac semibreuis, denigratione, suæ quartæ partis diminutionem accipiunt, non item fit in aliis signis.

De perfectione notarum & ceu additione.

Quòd super est, de perfectione quoque dicendum est, siquidem omnis notula quoquo modo imperfecta, puncto sibi adiecto, dimidium sui ualoris accipit.

Id quod in omnibus signis receptum est. Vnde huiusmodi punctum in signis perfectis, perfectionis punctum, & in signis imperfectis, additionis plerique adpellant, nempè quòd illic notulam alioquin imperfectam addito illi suoipsius dimidio, ternario mensurabilem, & ceu perfectam reddat, hic uerò, ubi solius dualitatis habetur ratio, tantù addat, nec quicquam perficiat. Vtrum perfæcerit, an addiderit, nihil labores, tantundé fit dùmodo punctù huiusmodi canédo exprimitur.

Illud

IO. EROSCHII

Illud haud quaquam prætereundum est, quæcúque hoc loci de perfectione & imperfectione notularum, in signis perfectis æqualitatis, dicta sunt, eadem esse in proportione tripla, & illius oppositis, sesquialtera, & sesquitertia obseruanda.

CAP. XIX, de ratione componendi, ut uocant, & condendis cantionibus.

Huc pertinebit & gnomonem normatum, ac uelut incerniculæ quædam adiicere, quibus effingendarum cantionum discussa facultas parari possit, id quod præceptionibus quibusdam haud adroganter, sed tua solius causa datis, quo tibi meas cogitationes adperiam, tandem sum præstaturus.

Primum igitur obserues, ut ne longioribus æquo interuallis, connectendi modos disponas, sed arctioribus, quibus fieri potest, limitibus, & pomeriis, per omnia uocum discrimina, iuxta tonorum metas supra retensitas præstituas, Id quod fiet, ubi cantiones, tonos autentos imitantes, ac referentes, cōnectendi modis maioribus: quod licet. ac expedit, composite promulgabuntur, Non item in plagalibus tonis. iisdem modis. sed minoribns uti conueniet. *ut supra c.14.*

His probe animaduersis, & illud præstare cures, ut quæcúq; uocum discrimina, & in principio, & in fine cantionis perfectis cōsonantiis disposita sint. etiam si nō uuo temporis ictu exorsa. sed per mimésim. & imitationem. & ceu (ut uocant) fugam iterata, & prolata fuerint. *In quibs consonantiis cantus inchoetur*

Deinde data opera cauendum est, ut ne duæ perfectæ consonantiæ, siue duo perfecti cōnectendi modi, eiusdem speciei, æqualis proportionis ac differétiæ haud differentium quoq; terminorū, in cantione, binario, uel ternario, aut quoto queque uocum discrimine ædita, mutuo se succedant, nisi aliquot imperfecte, aut etiā perfectæ: sed differentium specierum, intercesserint. *Duæ perfectæ consonantiæ se sequi non possut*

Et quo dicam illud rudius. Quinta in una uoce posita, per tonum, uel adscendente, ucl descendente, quintā in altera, itidem uel adscendétem, uel descendentem, ne posueris, quin potius ante in aliquot imperfectas, ueluti tertias, uel sextas aut aliam diuersæ speciei perfectam, puta octauam uariaueris.

Nam specificam illam, nimiamq; identitatem consonantiarum, auris iudiciū, & ipsa natura, inprimis uarietate delectata, fastidit ac respuit: quā alioqui, ob decorem uninersitatis rerum, uariatam maxime cupit, probat, & accipit, Quamuis huiusmodi a plerisq; primi nominis inter recentiores, positas inuenias, tu tamen id haud temere usurpes, quandoquidem aliorum exempla consyderare potius, quam ad aliorum exemplum fingere licet. *Causa, quare se perfectæ conso. succedere non possunt.*

Verum hac in parte indulgentior sum ego quibusdam aliis: qui superstitiosius morosuli sunt in hoc, ne Sextæ plures, sextis succedāt, id quod ego non modo nō moror, sed & magis adprobo, dummodo ima uox, ad mediarum unam, habeat in diā pente, ucl tertia. Tum preterea summa habebit ad imam, uel in decima, uel in diā pason.

Porro curandum est illud, quod sicut uocum discrimina, & in principio, & in fine, perfectis consonantiis sunt disposita, ita q̃sepissime perfectis interea consonā tiis connectendo incidentes, obueniant, modo aliis consonantiis, differentiū specierum *De uocum commissura in medio cantionis.*

cierum, perfectis uel imperfectis, mediis cōmittantur, ratione infra sequenti. Nam ternæ uoces frequenter dupla, sesquialtera, & sesquitertia proportionibus habeāt hoc est, octaua, quinta & quarta conueniant. Quaternæ, octaua, quinta, quarta, & quintadecima. Senariæ uero uoces, octaua, quinta, quarta, decima, duodecima & quintadecima disponantur.

Supra Cap. 7
Macrob. 2. ca. 2

Cæterum quibus cōsonantiis mediis, & uelut ansulis perfectæ, perfectis eo quo dictum est modo, cōmittendæ fuerint, ex iis, que supra cap. 7. è Macrobio prolata sunt, colligi potest: quemadmodum enim hiantia inter duplos & triplos, spacia, insertis partibus impleantur, binis medietatibus singula spacia colligantibus, indeq̃ hemiolii, epitriti, & epogdoi, climmata nascātur, hoc loci pro instituti ratione, non tam uerbis explicare, quam oculis subiicere, atq̃ auribus explorare licet: id quod ex parte quidem bifariam demonstrandum, infra proponere conabimur.

De commissura syncopata.

Primum fit hæc cōmissura, syncopata, & (ut ita loquar) concisa synæresi notularum. Ea nempe inter cōmittēdum sic conciditur, ut partim in sesquioctauos, aut limata, duriusculum quidpiam sonando, partim in sesquialteros, sesquitertios, ditonos, semiditonos, aut sextas. Imo etiā in tritonos. quos auris alioqui & ratio Musica abhorret, ante cōmissuram deflectat, unde continuo in solidas illas & perfectas consonantias, nempe Διὰ πέντε, Διὰ πασῶν, Διὰ πασῶν cum Διὰ πέντε & Δὶς Διὰ πασῶν cōmittit, ac desinit. Id quod iuxta Empedoclis sententiam, instar mundanæ fabricæ ex lite amicitiaq̃ constantis, factum, & auris percipit, & ratio ad probat.

Tritonos & auris & ratio abhorret.

Empedocles. Aristot. de gene ratione & corru ptione. 2.

Huiusmodi autem cōmissuræ concisæ, plerunq̃ in cantionibus prolixioribus, & festiuiter lasciuiendo grauescentibus obueniunt, ubi in uoce lasciuiente ipsæ poterunt licentiosius usurpari.

De commissura simplici.

Secundo fit eiusmodi cōmissura, tersæ consonantiarum mundiciei, siue simplicis (ut uocant) contrapuncti, nihil ab omni parte duri, aut inamœni habētis, obseruatione, ubi cōsonantiis synceriter & cum iudicio utendum erit, Cuiusmodi sit exempli uice dictum: Ima nimirū uox, ad mediarum unam, in Διὰ πέντε quidem, ad alteram uero in Διὰ πασῶν habens, ante cōmissuram iam recensitis consonantiis mediantibus cōmittat, suprema interim in decima constituta.

Horum autem experiundorum gratia, subiiciemus aliquot exempla, binis cantibus, uno quatuor, & altero sex uocum subpositis. Vbi uero illis cantibus, huiusmodi adplicantur exempla, numeris illud utrobiq̃ adpositis indicabimus, quemadmodum sequitur.

Cantus pausis debite distinguatur.

Iam ueró & illud obserues, ut in singulis uocibus post debitam aliquot temporum durationem, cantionis continuationem aliquanta requie, ac pausa secernas, qua sane iuxta carminis rationem, & formam aliquantisper interposita, cantus distinguatur, & uelut in membra, & articulos diducatur, quo canentes etiam respirare, anhelitumq̃ recipere possint.

Illud etiam cōmemorare licet, hæc omnia exemplis, & imitatione haud infeliciter adsequeris. Quo ueró maiore cum fructu, beatiorem illorum copiam pares, quáplurimi quá plurimi tibi Authores: iiq; selecti, neq; inamænæ auris, reuisendi sunt. Ex quibꝰ cōmissuras q̃ optimas, etiam ad aliquot tempora selegas, & in cōgeriem digeras, ut si quādo tibi uenerit illorū usus, tum in promptu habeas, quod similiter tuis modis adhibeas, & in tempore, tuo cantui inseras. Nec facile quicquam reiiciendum, quod non alicubi optimum, & ob uarietatem natura gratam, iucundum & amænum sit futurum. Neq; id uicio datum iri pertimescas, facilius enim est, Maronis uerbo, clauam extorquere Herculi, q̃ ea furta tentare. Huiusmodi autē imitationes æmulo tibi exercitium & usum conciliabunt, ansamq; inueniendi alia, ultro, citroq; præbebunt, quibus in hac disciplina non mediocriter adiuuabere.

Sed & mimæsis, aut si mauis fugæ adipiscendæ exercitationem, non tam imitādo alios, q̃ fingendo tecum ipse decertans parabis, sed quoad fieri potest, quæcunq; iuxta Nicomachi rationem supra recensitam disponas.

In omnibus autem amænitati, & quoad fieri potest, suauitati studeas, nec quicquam asperum uel austerum admittas, præter eiusmodi rationem,

Predictorū uerò de commissuris exempla sunto. Primo ad quatuor, deinde ad sex uoces, formulæ sequentes.

EXEMPLA

Exempla

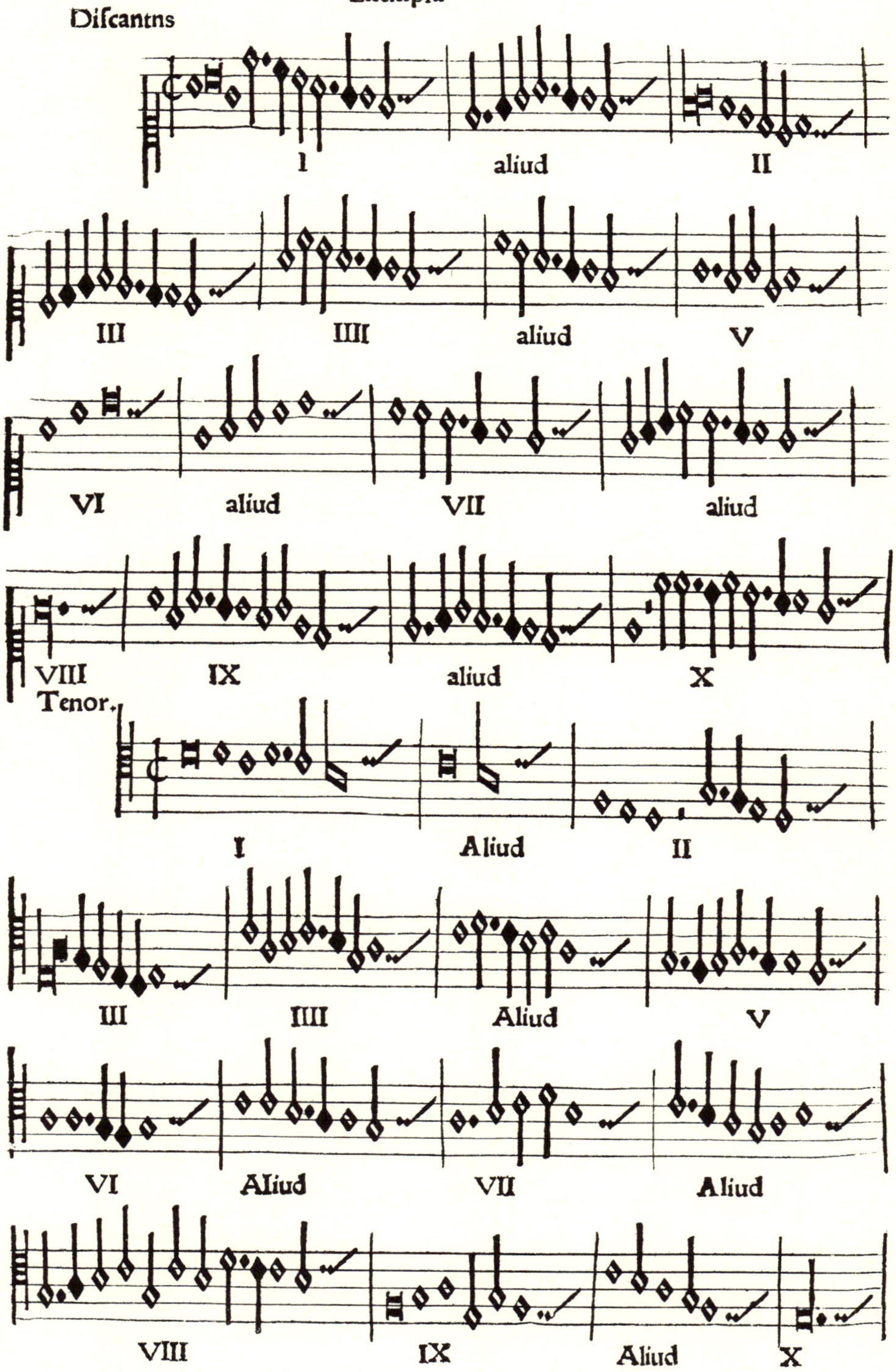
Diſcantns
I
aliud
II
III
IIII
aliud
V
VI
aliud
VII
aliud
VIII
IX
aliud
X
Tenor.
I
Aliud
II
III
IIII
Aliud
V
VI
Aliud
VII
Aliud
VIII
IX
Aliud
X

Exempla quatuor uocum.

Discantus Prima huius cantus pars.

Qui de terra est, de terra loquitur, ij.

loquitur, qui de celo uenit su-

per omnes est, ij. et quod uidit et audi-

uit, hoc testa tur,

ij.

Tenor.

Qui de terra est, de terra loquitur,

qui de celo uenit, super omnes est, ij. nes

est, & quod ui- dit & audiuit, hoc testatur, ij.

Quatuor uocum.

Altus.

Qui de terra est, ij.

de ter ra loquitur, qui de celo ue nit ij.

super omnes est, & quod

uidit & audi uit, hoc testa tur.

hoc testatur. ii.

Bassus.

Qui de terra est, de terra loqui tur, qui de celo uenit

ii. super omnes est, & quod ui

dit & audi uit hoc testa tur. ii.

E iij

Discantus, Altera pars,

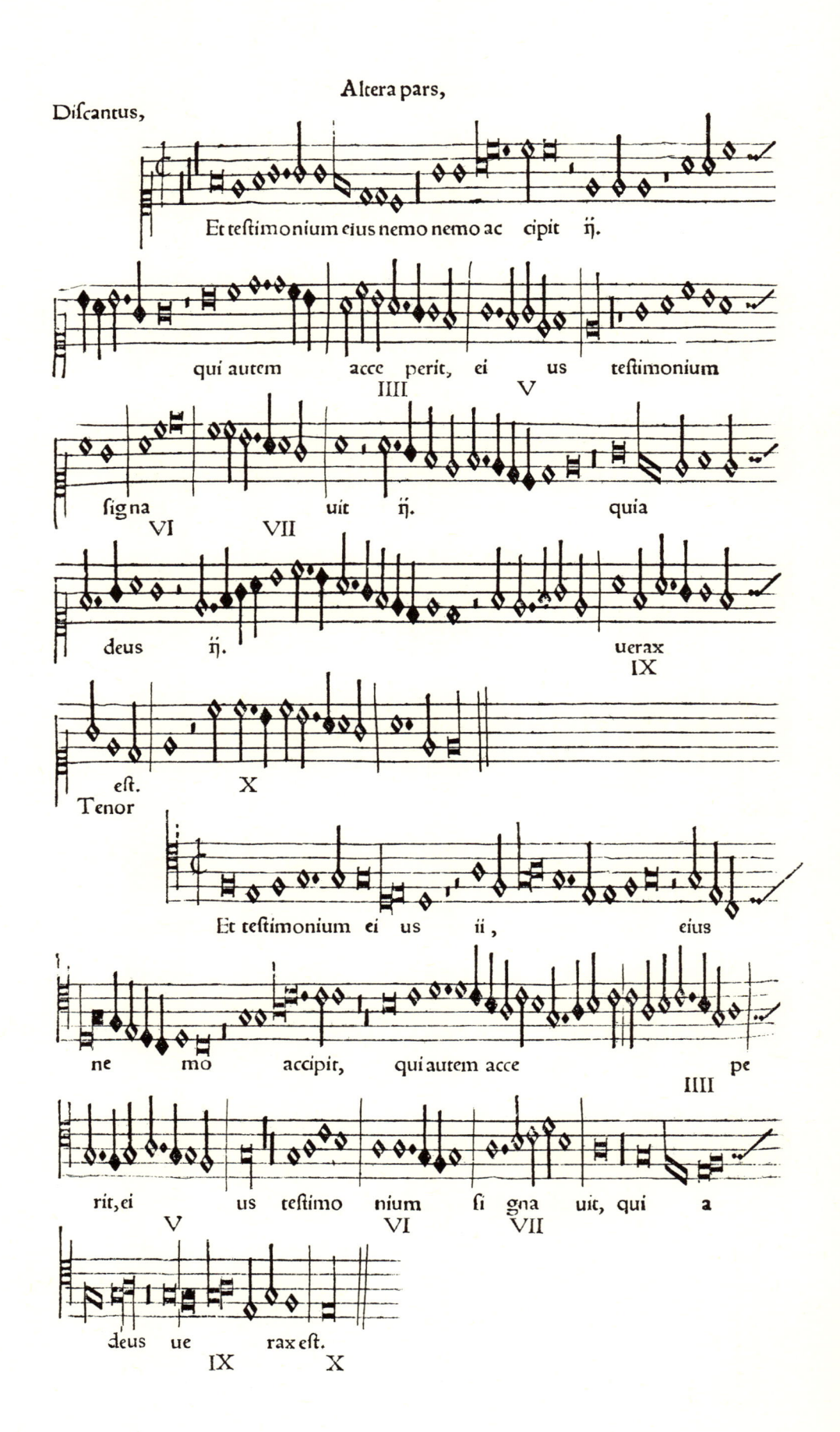

Et testimonium eius nemo nemo ac cipit ij.

qui autem acce perit, ei us testimonium
IIII   V

si gna   uit ij.   quia
VI   VII

deus ij.   uerax
                                  IX

est.   X

Tenor

Et testimonium ei us ij,   eius

ne   mo   accipit, qui autem acce   pe
                                          IIII

rit, ei   us testimo nium si gna uit, qui a
V   VI   VII

deus ue   rax est.
    IX   X

Quatuor uocum.

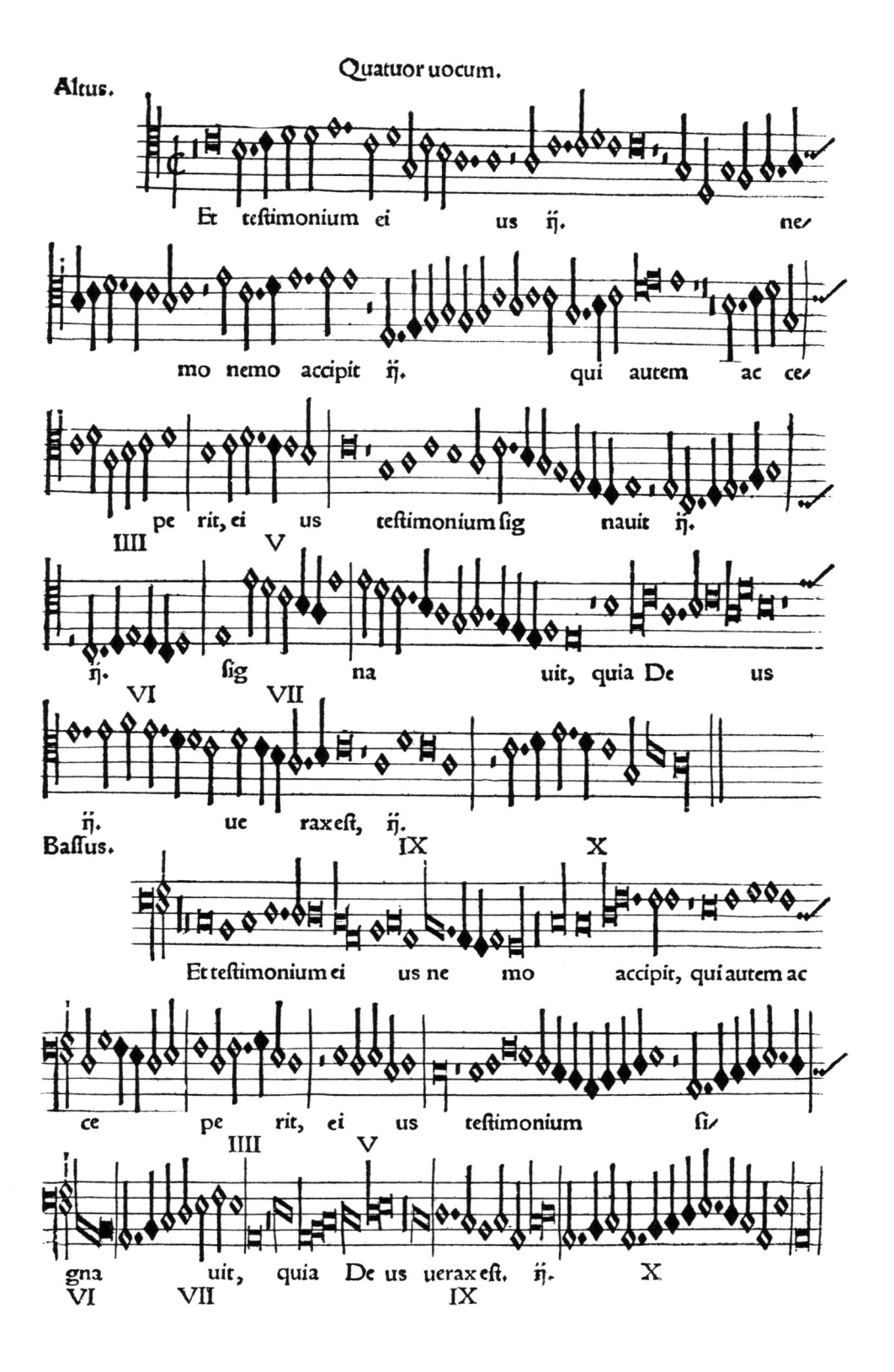

Altus.

Et testimonium ei us ij.   nemo nemo accipit ij.   qui autem ac ce-
pe rit, ei us testimonium sig nauit ij.
IIII   V
ij.   sig na uit, quia De us
VI   VII
ij.   ue rax est, ij.

Bassus.
         IX   X
Et testimonium ei us ne mo accipit, qui autem ac
ce pe rit, ei us testimonium si-
       IIII   V
gna uit, quia De us uerax est. ij.   X
VI VII   IX

Exempla
Discantus.

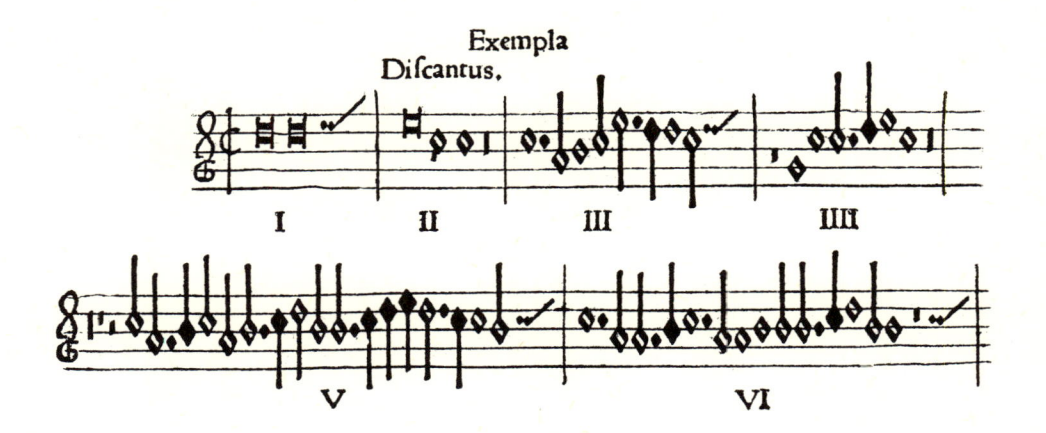

I II III IIII

V VI

Contratenor.

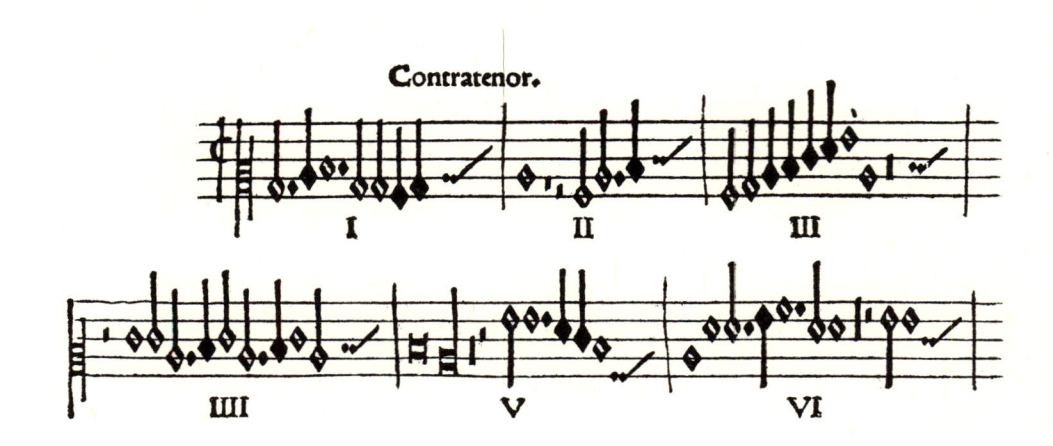

I II III

IIII V VI

Tenor.

I II III IIII

V VI

Altus.
Sex uocum.

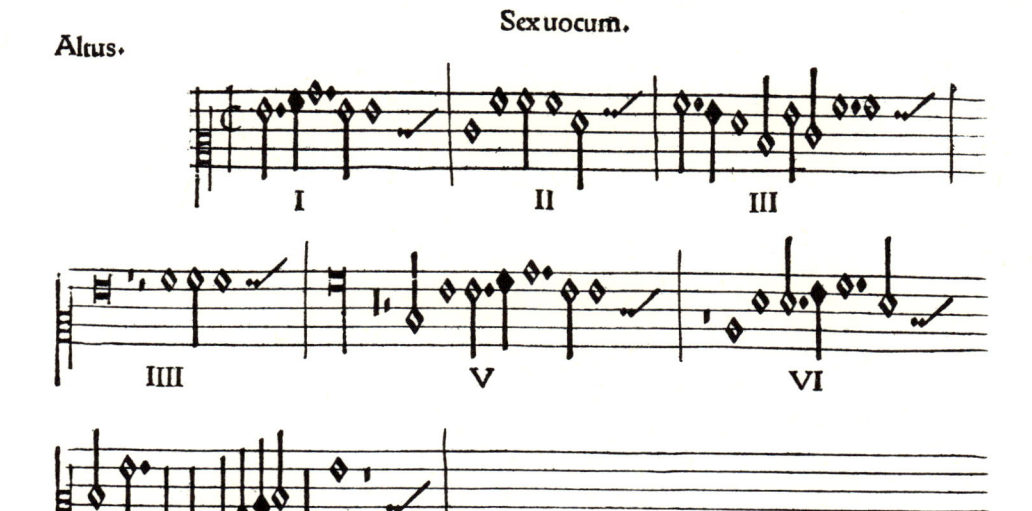

Contrabassus.

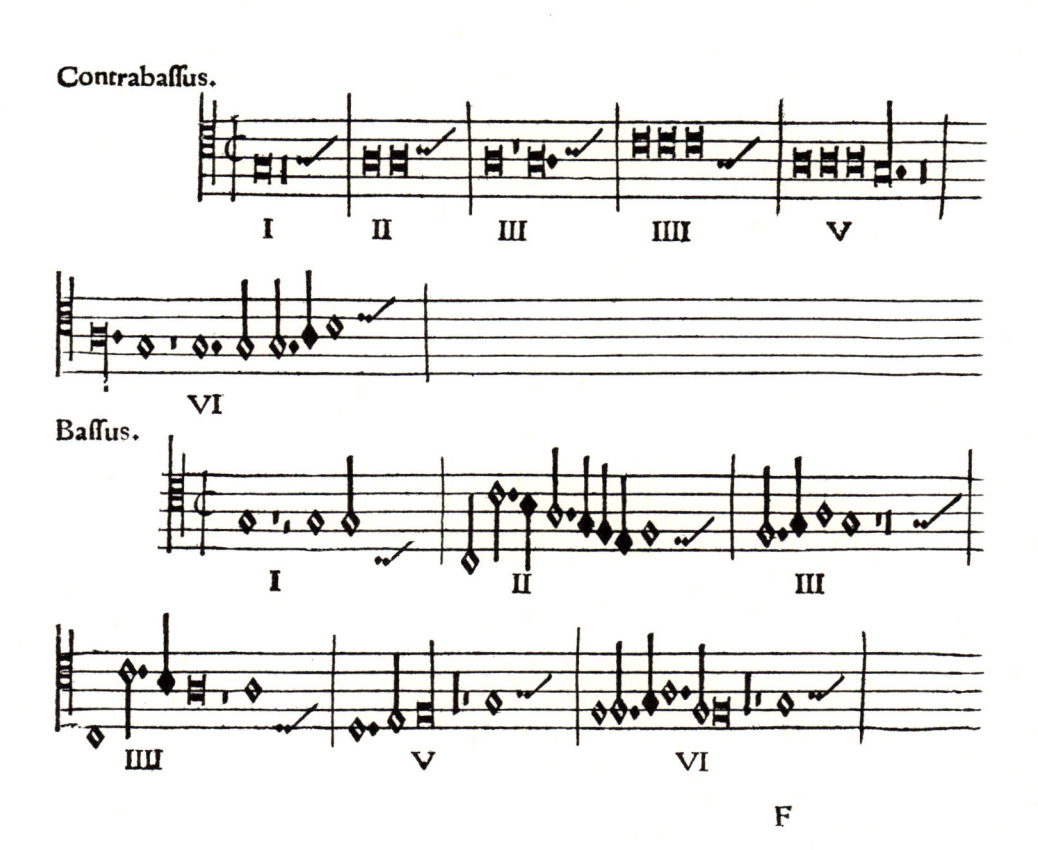

Bassus.

F

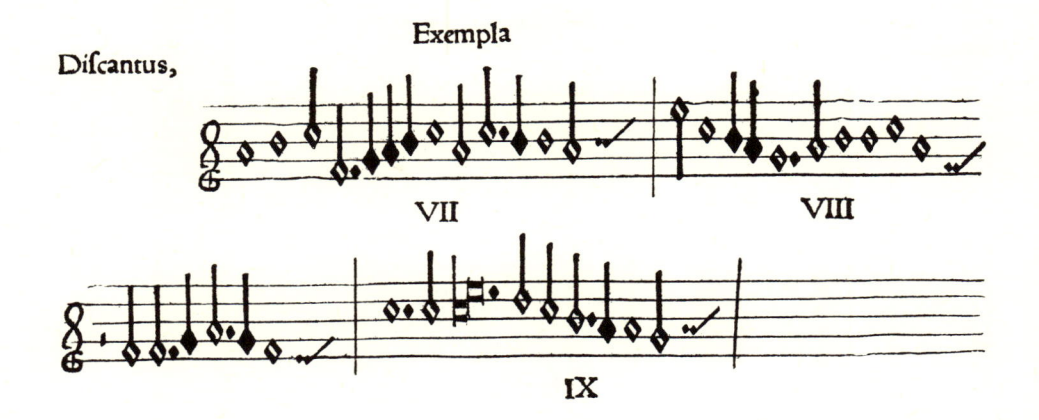

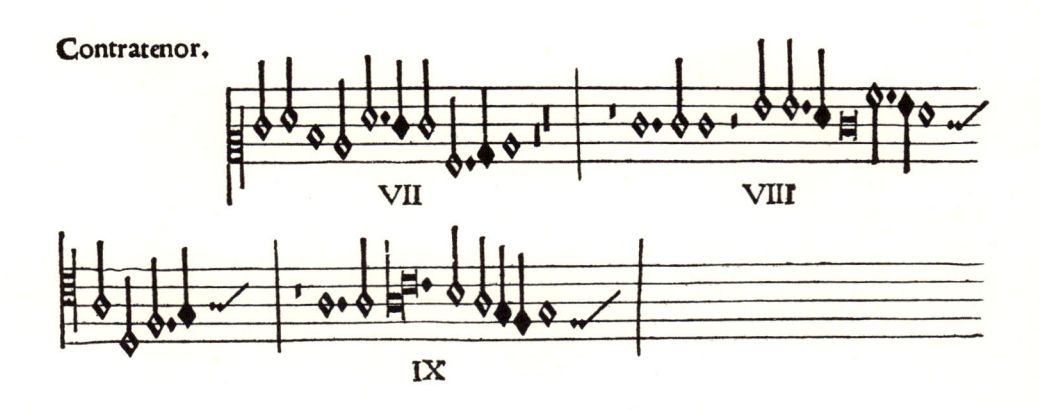

Discantus.   Exempla

VII   VIII

IX

Contratenor.

VII   VIII

IX

Tenor

VII   VIII

IX

Sex uocum.

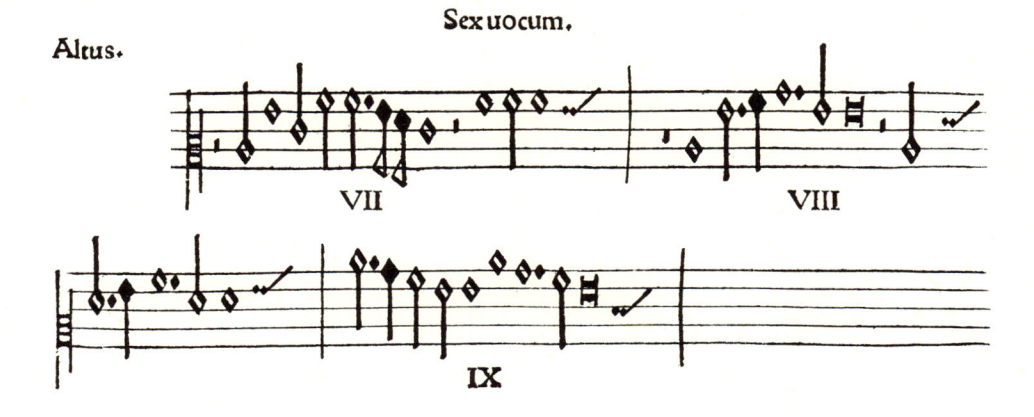

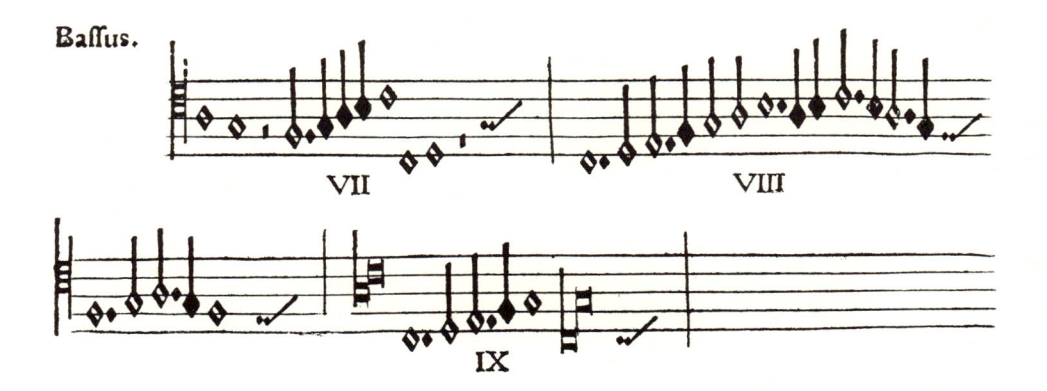

Altus.

VII VIII

IX

Contrabassus.

VII VIII IX

Bassus.

VII VIII

IX

Sequitur huiusmodi exemplorum
in cantu adplicatio.

F ij

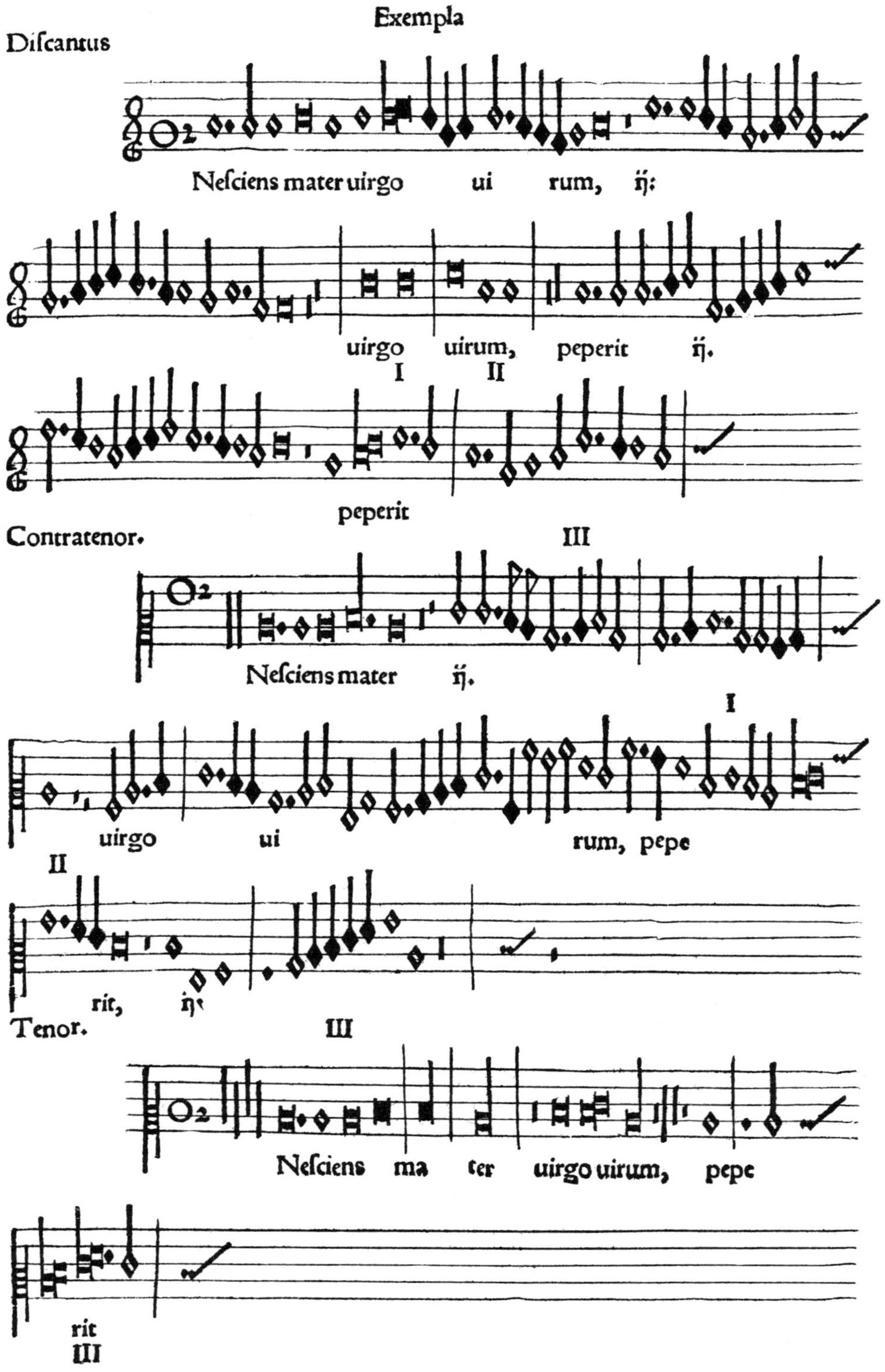
Diſcantus
Neſciens mater uirgo ui rum, ij:
uirgo uirum, peperit ij.
I II
peperit
Contratenor.
III
Neſciens mater ij.
I
uirgo ui rum, pepe
II
rit, ij
Tenor.
III
Neſciens ma ter uirgo uirum, pepe
rit
III

Altus.
Sex uocum.

Nesciens mater ij.

nesciens mater, ij. ij.

uirgo ui rum, pe perit ij.

Contrabassus.

Nesciens ma ter uirgo uirum, peperit

III si

Bassus.

Nesciens ma ter ij.

uirgo ui rum pepe rit ij.

sine
IIII

F iij

Exempla

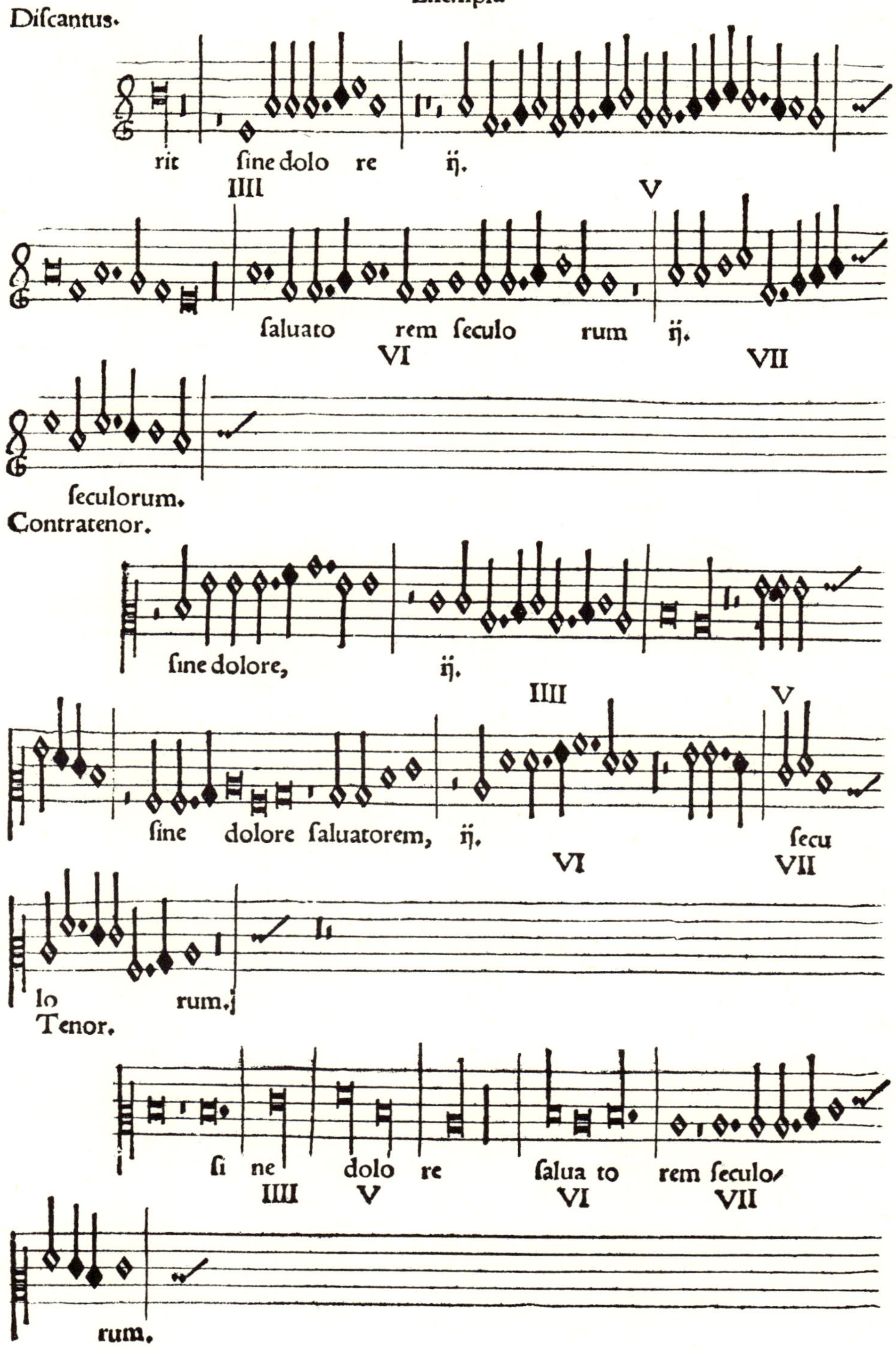
Diſcantus.
rit ſine dolo re ij.
IIII
V
ſaluato rem ſeculo rum ij.
VI
VII
ſeculorum.
Contratenor.
ſine dolore, ij.
IIII
V
ſine dolore ſaluatorem, ij.
ſecu
VI
VII
lo rum.
Tenor.
ſi ne dolo re ſalua to rem ſeculo
IIII V VI VII
rum.

Sex uocum.

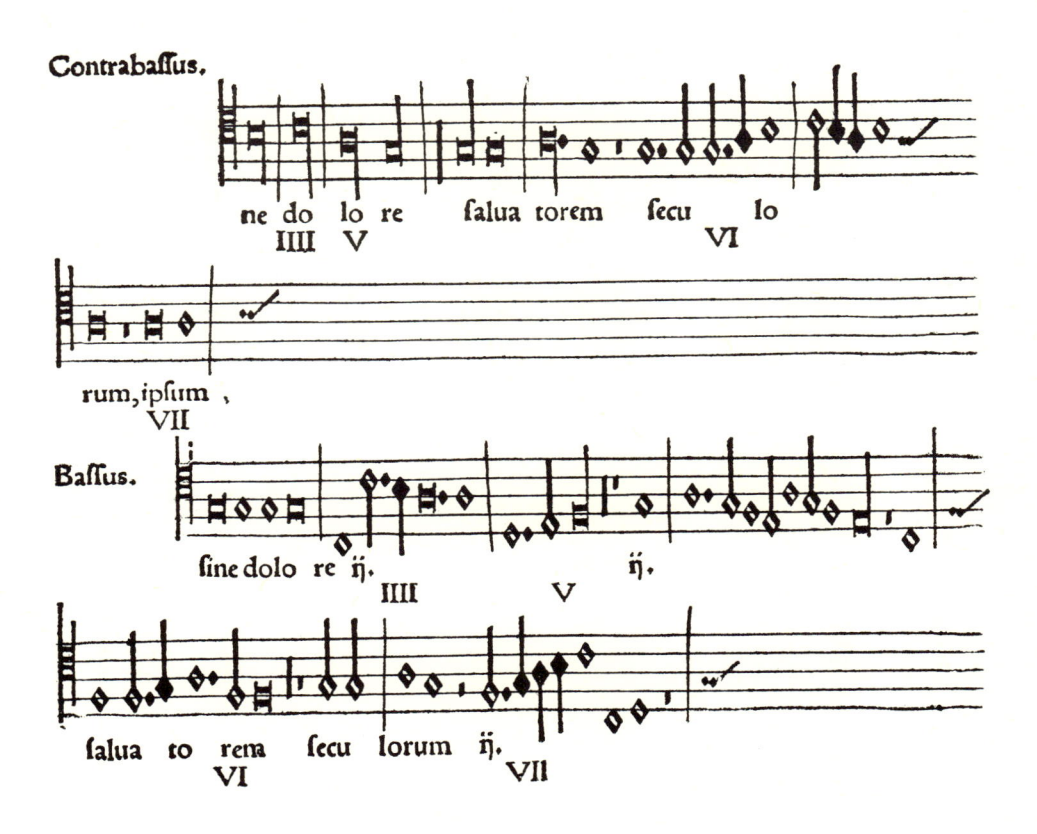

Altus.

rit sine do lo re ij.   IIII   V

saluatorem ij.
VI

VII seculo

Contrabassus.

ne do lo re   salua torem   secu   lo
IIII V   VI

rum, ipsum
VII

Bassus.

sine dolo re ij.   ij.
IIII   V

salua to rem   secu lorum ij.
VI   VII

Discantus
rum, ipsum regem ange lo rum, sola uirgo lactabat, ubere, de celo ij. pleno,
VIII
ubere ij, de celo pleno.
Contratenor.
IX
ipsum re gem ij. angelo rum, sola uirgo lactabat ubere de celo ij.
VIII
ple no, ii, IX ple no.
Tenor.
rum ipsum regem angelo rum, sola uirgo lactabat,
ube re de celo ple no,
VIII
IX

Sex uocum.

Altus.

rum, ipsum regem ange lo rum, sola uirgo lacta

bat ubere de celo pleno, ij.

ubere de celo ij. VIII ple no.

Contrabassus. IX

regem angelo rum, sola uirgo lactabat,

ubere de ce lo pleno.

Bassus. VIII IX

ipsum regem angelo rum, sola uirgo lacta

bat ubere de celo ij. ple no.
VIII

ubere de celo pleno.
IX

Tandem quo memet ex huius negotii labyrintho excutiam, summam: ut aiūt: manum additurus sum. Iam enim cursu fatigatus, lampada trado magis integris: qui munus eiusmodi gerendum in se recipiant, periculum, inter euoluendum Authores ueteres: quicūq̃ de Musica scripserūt, facturi & experturi, num quicquā eorū que minutatim hoc loci sunt proposita, secus apud illos, atq̃ hic habeat. Quod si quis aliam de me concœperit expectationē, cui forte non respondeā, nec talis fuerim, qualem ille uellet, is non æditi libelli, sed animi potius meiipsius rationem habeat, ut qui offitio meo in rem puerorū, haud sine cortice cōsulendo, pro mea tenuitate non defuerim. Neq̃ opus erit pluribus hæc agere, aut uino uendibili hederam prætendere, merx enim proba emptorem facile reperiet. Interim nihil moror & eos, qui Musicam suffragio mordent, ac tetricè superciliosi, quasi exosam habent, dummodo cunctorum calculis, tum pium, tum honestum sit minutissima quæq̃, proximi causa, munia subire, neq̃ ulla functio detractanda, modo pio ac fideli animo eam administres, etiam si uel haustum aquæ frigidæ præbeas, uel rudera conuerras. Adde quod illam sancti patres, & prophetæ coluerunt, id quod & ueteris instrumenti continent historiæ, & Hebreorum attestantur cōmentarii.
Insuper & Apostolicæ literæ ad laudes & gratiarum actiones Deo, cantionibus Musicis in corde dictandas, monent & hortantur. Quamobrem ne præter modum indecorum fuerit, me nō nihil de Musica sobrie attigisse, atq̃ hanc minutiarum congeriem obiter & in transcursu digessisse, nempè officii ul ce, per me oblatam floride iuuentuti, quā bonis institutis & literis pergere, ac honestis studiis auspice Deo illustrari exopto.

FINIS.

ARGENTORATI APVD PETRVM
Schœffer & Mathiam Apiarium. Anno Salutis
M. D. XXXV.